T0107842

CLASSIQUES EN POCHE

*Collection
dirigée
par
Hélène Monsacré*

SÉNÈQUE

LETTRES À LUCILIUS

Livres III et IV

Texte établi par F. Préchac,
traduit par H. Noblot
Introduction de François L'Yvonnet

Deuxième tirage

LES BELLES LETTRES

2013

Dans la même collection (suite)

Ce texte et la traduction sont repris du volume correspondant dans la Collection des Universités de France (C.U.F.), toujours disponible avec apparat critique et scientifique. (Sénèque, Lettres à Lucilius, tome I, livres I-IV, 11ᵉ tirage, 2009)

© 2013, Société d'édition Les Belles Lettres,
95 bd Raspail 75006 Paris.
www.lesbelleslettres.com

Première édition 2007

ISBN : 978-2-251-79992-6

Introduction

par François L'Yvonnet

> « *Si le destin est implacable, c'est que vous n'avez pas su lui plaire.* »
>
> Jean Baudrillard

> « *Quand il se réveilla, Arsène Lupin lisait. Beautrelet se pencha pour voir le titre du livre. C'était* Les Lettres à Lucilius, *de Sénèque le philosophe.* »
>
> Maurice Leblanc, *L'Aiguille creuse*

I. Un homme « issu d'une famille de rang équestre et provincial » (Tacite)

Sénèque (Lucius Annaeus Seneca) naît en Espagne [1], à Cordoue, autour de l'ère chrétienne (vers l'an - 4, selon certains commentateurs, au début de l'an - 1, selon Pierre

---

1. « Que parfois certains caractères nationaux durent des siècles ou même des millénaires, on ne peut en douter après examen. Don Quichotte vit toujours en Espagne ; bien plus, la grandiloquence qui y enfle les paroles des hommes politiques se retrouve non seulement dans les tragiques espagnols du XVIe et XVIIe siècles, inspirateurs et modèles de notre Corneille, mais encore dans des poètes latins d'origine espagnole, Lucain et Sénèque », Simone WEIL, *Quelques réflexions sur les origines de l'hitlérisme*, *Œuvres complètes*, tome II, vol. 3, Gallimard, p. 169.

Grimal [1]), sous le règne de l'empereur Auguste. En 14 (jusqu'en 37), Tibère succède à Auguste. Sénèque reçoit à Rome une solide formation rhétorique et philosophique sous la direction du pythagoricien Sotion et du stoïcien Attalus de Pergame, il écoutera également les leçons de l'éclectique Papirius Fabianus [2]. Il envisage de se retirer du monde pour mener une vie ascétique, son père l'en dissuade. Sénèque séjourne en Égypte (25-31) où son oncle C. Galerius est préfet. À son retour, il est élu questeur et entre au sénat. En 41, Claude succède à Caligula, mort assassiné [3]. Sénèque est relégué en Corse par le nouvel empereur (41-49). Rappelé à Rome par Agrippine (sœur de Caligula, devenue l'épouse de Claude en 49 après l'exécution de Messaline), il accède à la préture (50), puis devient le précepteur du jeune Néron (Domitius Nero, fils d'Agrippine qu'adoptera Claude en 50). Sénèque jouit déjà d'une grande réputation et passe pour être l'écrivain et le penseur majeur de l'époque. Agrippine empoisonne Claude (54). À l'avènement du nouvel empereur et durant cinq ans *(quinquennium*

---

1. Suivant les suggestions de François Préchac (« La date de naissance de Sénèque », in *Revue des Études Latines*, XII, 1934). Quiconque s'emploie, en français, à retracer la vie, la pensée et l'œuvre de Sénèque – et des stoïciens – se doit de rendre un hommage appuyé à quelques auteurs contemporains incontournables dont procède pour une large part une « science » toute relative, à savoir Pierre Grimal, Pierre Hadot et Paul Veyne. La biographie intellectuelle de Sénèque de Pierre Grimal fait autorité, les nombreuses études de Pierre Hadot, en particulier concernant les exercices spirituels dans la philosophie antique, sont toujours lumineuses, comme est remarquable l'édition des *Entretiens* et des *Lettres à Lucilius* de P. Veyne. Le lecteur s'y reportera avec grand profit. Voir les éléments bibliographiques en fin de volume.

2. La lettre 108, 13-23, aborde longuement la période des maîtres. Voir aussi Pierre GRIMAL, *Sénèque*, Fayard, 1991, p. 247 sq.

3. Assassinat décrit avec force détails par Suétone dans la *Vie des douze Césars* (IV, 58).

Neronis), Sénèque devient ministre de Néron aux côtés de Sextus Afranius Burrus, préfet du prétoire, qui mourra mystérieusement en 62. Britannicus, fils de Claude et de Messaline, est assassiné (55). Sénèque mène grand train, accumule une fortune [1]considérable tout en continuant à publier des traités de philosophie. Il est à la fois « banquier, sénateur et philosophe [2] ». Notons, avec Paul Veyne, que Sénèque ne fera pas carrière « par l'adulation, la délation et le meurtre judiciaire », ce qui était une méthode presque usuelle en son siècle. En 59, Néron fait égorger Agrippine, sa mère [3]. Sénèque avale encore quelques couleuvres : il couvre le parricide néronien pour sauvegarder la paix civile. En 62, il offre à Néron, qui refuse, de se retirer de la vie publique et de lui restituer ses « bienfaits » (Tacite rapporte en ces termes les propos de l'empereur : « Ce ne sera pas de ta modération, si tu rends cet argent, ni de ton désir de repos, si tu abandonnes ton prince, mais bien de mon avidité, de la crainte de ma cruauté que tout le monde parlera [4]. ») Le philosophe s'enferme dans la solitude, fait le choix de « l'exil intérieur » propice au « loisir studieux » *(otium litteratum)*. 63-64 : Sénèque écrit les *Lettres à Lucilius (Epistolae ad Lucilium)*. Lucilius, le destinataire, poète de renom, est alors procurateur impérial en Sicile. Incendie de Rome (août 64). Soupçonné de connivences avec le conspirateur Calpurnius Pison, qui veut renverser Néron, Sénèque reçoit de l'empereur l'ordre de se

---

1. Pour partie fruit de placements judicieux en Bretagne (Angleterre), nouvellement conquise.
2. Paul Veyne in SÉNÈQUE, *Entretiens* et *Lettres à Lucilius*, Robert Laffont, coll. Bouquins, 1993, p. XX.
3. Voir SUÉTONE, *Vie des douze Césars*, VI, 34.
4. TACITE, *Annales*, XIV, 56, 2. Trad. Pierre Grimal, Gallimard, coll. Folio classique, 1993, p. 374.

suicider (19 avril 65). Sa femme, Pompéia Paulina, décide de l'accompagner dans la mort.

On pourrait, plagiant Heidegger parlant d'Aristote [1], résumer la vie de Sénèque en peu de mots : il naquit (en Andalousie), travailla (beaucoup) et mourut (en s'ouvrant les veines). Nous marquerions, ce faisant, le peu de cas qu'un philosophe fait de la biographie d'un philosophe. Un philosophe, c'est d'abord une pensée qui se déploie, s'accomplit et se transmet. Le reste n'est qu'anecdote, donc inessentiel. Et de convoquer, pourquoi pas, le *Contre Sainte-Beuve* de Proust qui brocarde la fameuse méthode qui «consiste à ne pas séparer l'homme et l'œuvre [2] ». Admettons tout de même, quitte à paraître perfide, que la réduction d'un homme à sa seule pensée peut arranger les consciences un peu brouillées avec l'histoire. Sénèque, même si on se range aux arguments proustiens, est un cas assez particulier : il est en son siècle, dont il parle d'abondance, il y est activement, bien que lui survivant assurément. Un siècle qui nous semble à la fois grand – c'est celui d'Auguste, ce sera celui de Trajan – et monstrueux. On tue, on trahit, on pille. Georges Bernanos, lecteur effaré de Suétone, en gardera une aversion définitive. En ces temps de grande turpitude, on ne s'embarrassait guère de scrupules lorsqu'il s'agissait d'assouvir un penchant immodéré pour le pouvoir, le luxe, les femmes, les hommes ou les enfants. Mais on y vivait, aussi, des vies d'homme.

Sénèque n'est pas Platon allant à Syracuse conseiller le tyran Denys (souhaitant montrer, dit la *Lettre VII*,

---

1. C'est en ces termes que Heidegger commença un jour son cours sur Aristote, selon Rüdiger SAFRANSKI, *Heidegger et son temps*, Grasset, 1996, p. 13.

2. *Contre Sainte-Beuve*, Gallimard, coll. Idées, 1965, p. 157.

« qu'il n'était pas un bavard [1] »), ni Heidegger voulant jouer au plus fin avec le Führer. Sénèque est un homme d'action (« La philosophie enseigne à agir, non à parler [2] »), qui plus est financier habile et politique avisé. Engagé dans la carrière sénatoriale, préfet du prétoire, conseiller politique, il fut un homme d'État qui avait le sens de l'État. Il ne s'est pas frotté à la politique par hasard, il n'a pas enfilé la défroque du conseiller du Prince pour vérifier sur le motif les projections de son imaginaire. En stoïcien conséquent, il ne conçoit pas la sagesse hors de la cité. Il n'est pas un citoyen étranger dans la ville : « Aucune école n'a plus de bonté et de douceur, aucune n'a plus d'amour pour les hommes, plus d'attention au bien commun [3]. » Le stoïcisme, rappelle Pierre Grimal [4], a toujours été une doctrine de l'action dans la cité. Les épicuriens, en revanche, concevront les choses différemment : « Cache ta vie », aurait dit Épicure (rapporté par Plutarque), qui n'envisageait le bonheur que vécu en commun avec quelques amis à l'abri du Jardin.

---

1. PLATON, *Lettre VII*, 328 c : « Par la crainte de passer à mes propres yeux pour quelqu'un qui, tout bonnement, n'est rien que verbiage, qui en revanche est incapable de s'attaquer de bon gré à l'action. » Trad. Léon Robin, Gallimard, Bibliothèque de la Pléiade, II, 1950, p. 1190.
2. *Lettres à Lucilius (Ep.)*, 20, 2.
3. SÉNÈQUE, *De la clémence*, II, 3, 3.
4. SÉNÈQUE, *op. cit.*, p. 241.

II. « La sagesse, c'est ce que le solitaire se chuchote à
lui-même sur la place publique » (Nietzsche)

> *« Je le sens bien Lucilius : je ne fais pas*
> *que m'amender, je me transforme. »*
>
> Sénèque (*Ep.*, 6, 1)

Dans *La Vie heureuse (De Vita beata)*, Sénèque
convient qu'il « déploie plus de luxe qu'il ne devrait ».
On lui a fait grief de vivre dans une opulence peu
conforme à l'idéal de sagesse formulé par le Portique.
Mais la « tranquillité » n'est pas dans la richesse ou dans
l'absence de richesse, elle réside dans l'attitude adoptée à
son endroit : « Qui a besoin de richesses, craint pour elles.
Or, d'un bien sans quiétude l'homme ne jouit pas [1]. »
Paul Veyne souligne que ces « préférables neutres [2] », en
eux-mêmes ni bons ni mauvais, que sont la vie, la santé
ou la richesse, sont « indifférents », ce qui ne veut pas
dire sans avantage : « La vie, toute préférable qu'elle
est, est neutre ; elle sera un mal si nous sauvons notre
peau au prix de notre déshonneur. » Ils ne sont jamais,
ajoute-t-il, que « matière » à l'excellence ou à la faute.
Certes, il est préférable d'être pauvre, c'est que la sagesse
est alors mieux accomplie, mais, dit Sénèque, « exige
donc de moi, non que je sois l'égal des meilleurs, mais
seulement meilleur que les méchants ; il me suffit de
retrancher chaque jour quelque chose de mes vices et
de gourmander mes égarements [3] ». Plus loin : « Car le
sage ne se croit pas indigne des dons de la fortune : il

---

1. *Ep.*, 14, 15.
2. Préface, in SÉNÈQUE, *Entretiens* et *Lettres à Lucilius*, *op. cit.*, p.
LXXXV sq.
3. *De la vie heureuse* (XVII, 3-4), in SÉNÈQUE, *Entretiens* et

n'aime pas les richesses, il les préfère ; il ne les accueille pas dans son cœur, mais dans sa maison ; il ne rejette pas celles qu'il possède, il les domine et veut qu'elles fournissent à sa vertu une plus ample matière [1]. » Artifices logomachiques ? Exercices formels d'éloquence ? On ne se privera pas de l'accuser, sous couvert de sagesse, d'avancer ses pions et d'accroître ses avoirs. C'est ce que diront les donneurs de leçons patentés, les maximalistes de la morale ascétique, c'est ce que diront encore, Tacite le rapporte [2], tous les venimeux par lesquels enfla la rumeur : Sénèque serait un Tartuffe, un usurier, un chasseur d'héritage ! Sa prose ? Un « ramas d'études mortes ! » (« *studiis inertibus* »), selon Suilius. Certes, on ne prête qu'aux riches, mais la réputation du philosophe en souffrit. En faire un rhéteur pédant et fastidieux, vénal de surcroît, nous semble parfaitement injustifié.

« Or Tacite et les autres parlent très honorablement et de sa vie et de sa mort, et nous le peignent en toutes choses personnage très excellent et très vertueux. » C'est Montaigne qui parle [3], qui ne néglige jamais de peindre le sage tel qu'en lui-même, humain trop humain. Le Sénèque que nous aimons, justement, c'est celui-là, celui que convoque Montaigne, « jugé par lui-même »

Lettres à Lucilius, édité par Paul Veyne, *op. cit.*, trad. A. Bourgery, p. 245-246.

1. *Ibid.*, XXI, 4, p. 250.

2. « Par quel savoir, quels préceptes des philosophes, [Sénèque] avait-il amassé, en quatre ans de ces royales amitiés, trois cents millions de sesterces ? À Rome, il prenait comme gibier, les testaments et les gens sans héritiers, l'Italie et les provinces étaient épuisées par son usure sans borne. [...] Il ne manquait pas de gens pour rapporter tout cela à Sénèque, dans les mêmes termes ou en le rendant encore pire », *Annales*, XIII, 42, 4 ; 43, 1.

3. *Essais*, livre II, chapitre 32, « Défense de Sénèque et de Plutarque », PUF, coll. Quadrige, 2004, p. 722.

non par « ses atours ». Qu'est-ce qui nous fait d'ordinaire estimer un homme ? Sa grandeur ? « Vous y comptez la hauteur de ses patins. La base n'est pas de la statue. Mesurez-le sans ses échasses ; qu'il mette à part ses richesses et honneurs, qu'il se présente en chemise [1]. » Les *Lettres à Lucilius* nous le présentent à nu, presque sans fard. Peut-être faut-il une pensée « de derrière » pour redonner à Sénèque sa vraie stature, celle d'un penseur souvent circonspect, parfois contradictoire, mais toujours d'un excellent secours. Que demande-t-on à la grandeur d'esprit, sinon de nous diriger lorsque l'affliction nous accable, lorsque le doute nous paralyse, lorsque le néant nous fige. « La familiarité que j'ai avec ces personnages-ci, et l'assistance qu'ils font à ma vieillesse et à mon livre maçonné purement de leurs dépouilles, m'oblige à épouser leur honneur [2]. » Ce sont de telles épousailles qui nourrissent notre lecture.

    « Proposons de nobles modèles : ils trouveront imitateurs [3] », ou encore : « Choisis celui chez qui tout t'agrée, sa vie, son langage et jusqu'à son visage où se lit son âme : ramène-le continuellement devant toi, comme un gardien, comme un exemple [4]. » Ainsi Caton, censé incarner toutes les vertus stoïciennes. Le « champion », en italien, c'est celui qu'on imite. C'est l'exemple *(campione)*. Or, imiter, c'est justement prendre pour apprendre. On n'assimile que ce qui a d'abord été simulé. L'imitation est fondamentale. Michel Serres y voit l'origine de la connaissance [5]. Sénèque y voyait le ressort de toute instruction. « Au commencement est le

---

1. *Ibid.*, I, 42, « De l'inégalité qui est entre nous », p. 259.
2. *Ibid.*, II, 32, *op. cit.*, p. 721.
3. *Ep.*, 95, 66.
4. *Ep.*, 11, 10.
5. *Variations sur le corps*, Le Pommier, 1999, p. 61 sq.

Verbe », dit le Faust de Goethe, avant de se raviser : « Au commencement est l'acte ! » C'est une autre pédagogie que celle des professeurs, qui trop souvent enseignent à grand renfort de conseils ou de préceptes, c'est une pédagogie par l'exemple (*Ep.*, 33, 3 ; 38, 2). Au long des 124 lettres qui nous sont parvenues, Sénèque offre à Lucilius l'exemple de sa vie.

III. *« Le vent se lève, il faut tenter de vivre »* *(Paul Valéry)*

> *« Dans la pensée de bien des gens, vivre n'est pas douloureux ; c'est oiseux. »*
> Sénèque (*Ep.*, 24, 26)

Sénèque est « ondoyant et divers », il est « plein de pointes et saillis ». Montaigne le compare à Plutarque : « Celui-là vous échauffe plus et vous émeut ; celui-ci vous contente davantage et vous paie mieux. Il nous guide, l'autre nous pousse. » « La science que j'y cherche, dit-il encore, y est traitée en pièces décousues [1] », c'est tout le profit que l'on tire de la lecture des *Lettres*, une manière de manuel résolument non dogmatique. Pour qui veut des « discours qui donnent la première charge dans le plus fort du doute », dit encore Montaigne, Sénèque vaut mieux que Cicéron, qui « languit autour du pot ». Cicéron, père d'éloquence, traite du mépris de la mort, Sénèque aussi : mais « celui-là traîne languissant, et vous sentez qu'il vous veut résoudre de choses de quoi il n'est pas résolu [...], l'autre vous anime et enflamme [2] ». En quelques mots, comme de coutume,

---

1. *Essais*, II, 10, « Des Livres », p. 413.
2. *Ibid.*, II, 31, « De la colère », p. 716.

Montaigne dit l'essentiel. Animé et enflammé [1]. Sénèque donne *vie* à cet effort de transformation de soi que l'on nomme philosophie : « Tout ce qui n'est pas la sagesse est travaillé du dégoût de soi [2]. » Paul Veyne ajoute : « Certes, les livres de philosophie traitent sans cesse [des] mêmes objets : mais, ici, on voit quelqu'un les vivre, quelqu'un de vivant. C'est dire que les *Lettres* ont quelque parenté avec l'art du théâtre [3]. » Le philosophe est alors une sorte de héros tragique, quintessence des principes qu'il défend. Il est l'incarnation de sa doctrine. À chaque page [4], nous sommes les témoins fascinés d'une transfiguration. Le maître se façonne à mesure qu'il « dirige » le disciple (*Ep.*, 34, 2).

Lorsque Descartes, en véritable psychothérapeute [5], analysera la fièvre lente qui afflige la princesse palatine, Elizabeth de Bohème – dépressive chronique, écrasée de malheurs familiaux, exilée en Hollande –, il lui conseillera la lecture de Sénèque, en particulier du *De vita beata*. Pour qu'elle se délivre « l'esprit de toutes

---

1. Ce qui ne l'empêche pas de railler celui qu'il appelle parfois « mon Sénèque », lorsqu'il pousse le bouchon un peu loin. À propos de la phrase : « Ô la vile chose, dit-il, et abjecte que l'homme, s'il ne s'élève au-dessus de l'humanité », Montaigne n'y voit qu'un « bon mot » et « utile désir » mais « pareillement absurde ». « Car de faire la poignée plus grande que le poing, la brassée plus grande que le bras, et d'espérer enjamber plus que de l'étendue de nos jambes, cela est impossible et monstrueux. Ni que l'homme se monte au-dessus de soi et de l'humanité... » (*ibid.*, II, 12, « Apologie de Raymond Sebond », p. 604).

2. *Ep.*, 19, 22.

3. Paul Veyne in SÉNÈQUE, *Entretiens* et *Lettres à Lucilius, op. cit.*, p. 590.

4. « Aussi les *Lettres* ne sont-elles pas à déguster phrase à phrase, ni lettre après lettre : il faut en lire trente pages d'affilée ou rien », Paul VEYNE, *op. cit.*, p. 592.

5. L'expression est utilisée par Geneviève RODIS-LEWIS, in *Descartes*, Calmann-Lévy, 1995, p. 213.

sortes de pensées tristes », afin de recouvrer « une parfaite
santé, laquelle est le fondement de tous les autres biens
qu'on peut avoir en cette vie[1] ». Cette santé, le silence
des organes a-t-on pu dire, cette grande santé – qui ne
saurait tenir lieu de bien, mais qui est la condition de
tous les biens –, Sénèque nous y prépare. Une fois encore,
les « préférables », bien que neutres, n'en sont pas moins
avantageux. Les premières lignes de la lettre 15 le disent
clairement : « C'était pour nos pères un usage, conservé
jusqu'à mon temps, d'ajouter à l'en-tête d'une lettre :
"Si tu es en bonne santé, cela va bien. Je suis en bonne
santé." Nous autres nous n'avons pas tort de dire : "Si
tu pratiques la philosophie, cela va bien." C'est elle en
effet qui donne la vraie santé. Sans elle notre âme est
malade[2]. » Et de recommander de prendre soin de notre
corps (sans excès, pourtant, les exercices physiques nous
mettent facilement « hors d'haleine », *Ep.*, 15, 3), plus
encore de notre âme, de la mettre « au large », de l'exercer
« nuit et jour ». Les exercices sont des remèdes – Pierre
Hadot a écrit des pages essentielles sur cette question,
nous y reviendrons –, Épicure ne disait pas autre chose
dans la *Lettre à Ménécée*, mais la cure, selon le mot
de Freud, est « interminable ». On peut en rire, certes,
tel Lucien de Samosate, « un moqueur professionnel »,
qui se gaussera de ces philosophes qui meurent « avant
d'avoir fini d'apprendre à vivre[3] » : « Une telle conduite
ressemblerait, dit-il, à celle d'un homme qui ferait des

---

1. Lettre de Descartes à Elizabeth, mai ou juin 1645, *Œuvres
complètes* de Descartes, édition Adam et Tannery, tome IV, Vrin, 1996,
p. 224. Voir les remarques de G. RODIS-LEWIS, *op. cit.*, p. 224, sq.

2. *Ep.*, 15, 1.

3. Paul VEYNE, *La Médication interminable*, in SÉNÈQUE, *De la
tranquillité de l'âme*, Petite Bibliothèque Rivage, 1988, p. 22-23.

provisions et des préparatifs, à seule fin de mieux dîner, jusqu'à ce qu'il meure de faim sans s'en apercevoir [1]. »

La philosophie mériterait-elle qu'on lui consacre une seule minute de peine, si elle ne nous rendait plus fort ? Si elle ne nous rendait capable d'approbation inconditionnelle de tout ce qui est, fût-ce le plus douloureux. Sénèque ne s'embarrasse d'aucun détour, il va droit au but. D'aucuns y verront de la complaisance, nous y voyons plutôt de la crudité. « Je mange bien la viande toute crue », dit Montaigne. Les accommodements en pareille matière sont toujours un peu suspects, le met tape-à-l'œil cache souvent un vilain rata. Clément Rosset soupçonne fort la brouille des philosophes avec le réel « de n'avoir pas pour origine le fait que la réalité soit inexplicable, à s'en tenir à elle seule, mais plutôt le fait qu'elle soit *cruelle* et qu'en conséquence l'idée de réalité suffisante, privant l'homme de toute possibilité de distance ou de recours par rapport à elle, constitue un risque permanent d'angoisse et d'angoisse intolérable [2] ». La réalité pour Sénèque est en effet suffisante, il ne lui manque rien, rien qui serait censé la parfaire. Il faut l'admettre sans ambages, en somme ouvrir les yeux. La lettre 50 contient une belle anecdote (qui ravira Montaigne) : une folle de sa parentèle a soudainement perdu la vue, mais elle ne le sait pas, « à tout instant elle demande à l'esclave qui la garde de l'emmener ; la maison, dit-elle, est toute ténébreuse. Ce qui fait rire chez cette femme est une aventure commune à nous tous, tiens-le pour évident. [...] Pourquoi nous abusons-nous ? Notre mal ne nous vient pas du dehors ; il est au-dedans de nous,

---

1. LUCIEN, *Hermotimos ou les sectes, Œuvres complètes*, I, § 78, Garnier Frères, 1933, p. 473.

2. *Le Principe de cruauté*, Éditions de Minuit, 1988, p. 17.

il a son siège au fond même de nos entrailles, et la raison pourquoi nous parvenons à la santé malaisément, c'est que nous ne nous savons pas atteints [1] ».

Nous sommes au cœur du sujet. La cure est interminable, ce n'est pas une raison pour la laisser en plan. Pascal le répète à l'envi, la comédie se terminera par quelques pelletées de terre, mais il faut bien tenter de vivre. La montée vers l'excellence est pénible, la conversion philosophique se fait par étapes, c'est affaire de patience. L'âme rechigne, le corps traîne les pieds, l'effort coûte, mais les vertus une fois « reçues dans l'âme » n'en « sortent plus ». La vertu ne se « désapprend pas » (*Ep.*, 50, 8). « Obligeons donc cette âme à commencer », dit-il [2]. Le philosophe, pour reprendre l'expression de Descartes, est celui qui sait commencer.

La souffrance fait mal, mais elle n'est pas un mal. Ce qui autorisera Léon Bloy, l'imprécateur et doloriste impénitent, à tirer la couverture à lui : « Le vieux Sénèque avait raison. Il n'y a rien de plus beau que les belles douleurs, et c'est pour cela que les Saints, les poètes et les héros sont les plus admirables de tous les hommes [3]. » Mais la souffrance chez Sénèque, si elle n'est pas un mal en soi, n'est pas davantage rédemptrice. Comme si quoi que se soit dût être *racheté* ! Pour parler comme Hume des passions, elle est un fait. Il ne faut ni l'exalter, ni la condamner. Et puis, la « médecine, nous dit-il, n'a rien d'amer ; elle réjouit dès l'abord dans le temps même qu'elle guérit. Les autres remèdes ne créent du plaisir qu'après la santé recouvrée. La philosophie est

---

1. *Ep.*, 50, 2-4.
2. *Ibid.*, 50, 9.
3. *Œuvres de Léon Bloy*, tome XV, « Fragments d'un livre inachevé sur Barbey d'Aurevilly », Mercure de France, 1975, p. 107.

tout ensemble salutaire et douce [1] ». Ceux qui voudraient
y lire en filigrane un éloge de la mortification en seront
pour leur frais. L'amertume du remède est dans le *De
rerum natura* (le « miel blond et sucré » de la poésie
fait avaler jusqu'au bout l'« amer jus de l'absinthe »), pas
dans les *Lettres à Lucilius*.

IV. « *Si la mort n'avait que des côtés négatifs, mourir serait un acte impraticable* » (Cioran)

> « *Comme je n'offense les lois qui sont
> faites contre les larrons quand j'emporte le
> mien, et que je me coupe ma bourse ; ni
> des boutefeux quand je brûle mon bois :
> aussi ne suis-je tenu aux lois faites contre les
> meurtriers pour m'avoir ôté ma vie.* »

Montaigne

Il y a le suicide, enfin. Rappelons les faits : « Néron,
son beau disciple, ayant envoyé ses satellites vers lui pour
lui dénoncer l'ordonnance de sa mort [2] », Sénèque, si l'on
peut dire, s'exécuta. Les pages que Tacite consacre à
l'événement sont justement célèbres (*Annales*, XV, 62-
63). Elles inspireront Montaigne :

> « Cela fait, on leur [Senèque et Paulina] coupa en
> même temps les veines des bras ; mais parce que celles
> de Sénèque, resserrées tant par la vieillesse que par son
> abstinence, donnaient au sang le cours trop long et trop
> lâche, il commanda qu'on lui coupât encore les veines
> des cuisses ; et, de peur que le tourment qu'il en souffrait

---

1. *Ep.*, 50, 9.
2. Montaigne, *Essais*, II, 35 « Des trois bonnes femmes », *op. cit.*,
p. 747.

n'attendrît le cœur de sa femme, et pour se délivrer aussi soi-même de l'affliction qu'il portait de la voir en si piteux état, après avoir très amoureusement pris congé d'elle, il la pria de permettre qu'on l'emportât en la chambre voisine, comme on fit. Mais toutes ces incisions étant encore insuffisantes pour le faire mourir, il commanda à Statius Annéus, son médecin, de lui donner un breuvage de poison, qui n'eut guère non plus d'effet : car, par la faiblesse et froideur des membres, il ne put arriver jusques au cœur. Par ainsi, on lui fit outre cela apprêter un bain fort chaud ; et lors, sentant sa fin prochaine, autant qu'il eut d'halène, il continua des discours très excellents sur le sujet de l'état où il se trouvait, que ses secrétaires recueillirent tant qu'ils purent ouïr sa voix ; et demeurèrent ses paroles dernières longtemps depuis en crédit et honneur, ès mains des hommes (ce nous est une bien fâcheuse perte qu'elles ne soient venues jusques à nous.) Comme il sentit les derniers traits de la mort, prenant de l'eau du bain toute sanglante, il en arrosa sa tête en disant : Je voue cette eau à Jupiter le libérateur [1]. »

S'arrêter aux derniers instants du philosophe, admirables à bien des égards, n'est pas seulement céder à un exercice obligé. Ce serait forcer un peu les choses que d'y voir le point de convergence symbolique d'une vie et d'une œuvre. Il faut se garder des reconstructions édifiantes comme des illusions rétrospectives. Vu de l'embouchure, le fleuve est tout entier tendu vers son terme. Certes, la dramaturgie qui l'accompagne lui confère une puissance qui a traversé les siècles. Simone Weil, dans une lettre à son ami Jean Posternak écrira, à propos du *Couronnement de Poppée* de Monteverdi, qu'il lui semble qu'« au moment même de mourir », elle accordera « une pensée à la scène de la mort de

---

1. *Ibid.*, p. 748-749.

Sénèque[1] ». Vers 1684, Luca Giordano a peint la mort du philosophe[2] : il est entouré de ses amis, le corps, largement dénudé, est soutenu par un serviteur que l'on aperçoit à peine. Au premier plan, un factotum muni d'une lancette lui ouvre les veines du bas de la jambe. Mais le regard est intense. Mais la détermination est totale. L'essentiel est dans ce qu'il dit. Sénèque adresse un long discours à ses amis qui s'est malheureusement perdu.[3]

Un suicide paradoxal. Ce n'est ni Socrate buvant la ciguë (en exécution d'une sentence « légale »)[4], ni Emma Bovary (qui fuit une réalité non conforme à ses rêves), ni Werther (et l'amour impossible), ni même Camus (pour lequel « il n'y a qu'un problème philosophique vraiment sérieux : c'est le suicide[5] »). Parce que se tuer : « c'est avouer qu'on est dépassé par la vie ou qu'on ne la comprend pas »). Rien de tout cela.

Si le suicide est une possible voie d'accès à la pensée de Sénèque, c'est qu'il en est une sorte de

---

1. Paris, été 1937 *in* Simone WEIL, *Œuvres*, Gallimard, coll. Quarto, 1999, p. 652. Simone Pétrement, sa biographe, rapporte qu'elle lui raconta un jour avec émotion cette scène de la mort de Sénèque, lui récitant les paroles que proféraient ses amis : « *Non morir, non morir, Seneca, no. Io per me morir non vò. Questa vita è dolce troppo...* » (*La Vie de Simone Weil*, tome II, Fayard, 1973, p. 163)

2. « La mort de Sénèque » est exposée au Musée du Louvre.

3. Tacite ajoute (*Annales*, XV, 63, 3) : « Il leur dicta [aux secrétaires] longuement ce qui a été publié dans les termes mêmes dont il usa, et que, pour cette raison, je crois inutile de paraphraser. » Nous resterons donc sur notre faim !

4. « La mort de Sénèque n'est pas une imitation de celle de Socrate, comme on le répète ; elle s'inspire de la doctrine stoïcienne. Socrate est mort en remerciant Esculape de libérer son âme de son corps, Sénèque meurt en remerciant le dieu stoïcien de lui avoir donné les moyens intellectuels de mourir volontairement. » Paul Veyne in Sénèque, *Entretiens* et *Lettres à Lucilius*, op. cit., p. CLXX.

5. *Le Mythe de Sisyphe*, Gallimard, coll. Idées, 1968, p. 15.

précipité doctrinal. Néron en le contraignant au suicide le met devant ses responsabilités : n'en a-t-il pas toujours revendiqué la légitimité ? Et puis à Rome la chose était assez banale. Caton d'Utique se suicida sans autre forme de procès (après avoir passé la nuit à lire le *Phédon* de Platon[1]). Le suicide permet de garder sa liberté : « Estendons nostre possession jusqu'aux derniers moyens[2] », dit Montaigne suivant de près Sénèque (« S'il s'agit de mourir, rien n'arrête que le vouloir », *Ep.*, 70, 21). N'étant pas la cause de sa vie, on peut être celle de sa mort. La liberté du jugement – ici s'exerce la volonté – n'est possible que par le caractère. Qu'est-ce qui fonde le caractère ? « Il semble, dit Marcel Conche, que l'on puisse répondre, avec Sénèque et Montaigne : la mort. L'homme de caractère est celui qui a, durant sa vie, la mort pour compagne, une compagne qui est là non pour effrayer mais pour aider et éclairer[3]. »

D'ordinaire, les hommes « répugnent à vivre et ils ne savent pas mourir[4] ». Car ce sont les mêmes qui souhaitent mourir et qui le redoutent. Sénèque, citant Épicure[5], ajoute : « C'est chose ridicule de courir à la mort par dégoût de la vie, alors que c'est ton genre de vie qui t'a obligé de courir à la mort. » Un peu plus loin : « Plusieurs, par peur de la mort, sont poussés à mourir[6]. » C'est la même inclination, chaque fois ; c'est la même « passion » qui déprécie la vie et nourrit l'envie de mourir (*Ep.*, 30, 10). Nous sommes nés pour mourir, dit-il dans *De la tranquillité de l'âme*. Entendons : « Dépouillons-

---

1. *Ep.*, 24, 6.
2. *Essais, op. cit.*, III, 13, « *De l'expérience* », p. 1084.
3. *Le Fondement de la morale*, PUF, 1993, p. 75-76.
4. *Ep.*, 4, 5.
5. *Frag.* 496.
6. *Ep.*, 24, 22-23.

nous de la passion de vivre », les choses seront alors remises à leur juste place. On ne choisit pas de mourir – nous sommes mortels –, mais de mourir à tel instant. En somme, il nous appartient de vivre et de mourir à propos.

« L'important est d'être homme de bien et non d'être homme longtemps ; que souvent, pour être homme de bien, il ne faut pas vivre longtemps [1]. » Le bien, c'est le bien « moral », autrement dit la vertu, l'excellence. Il ne dépend pas de nous d'être mortel, grand ou petit, intelligent ou bête, beau ou laid, c'est le destin – la nécessité – qui en décide. Ce qui dépend de nous c'est de faire le bien. « La volonté de faire le bien est la citadelle intérieure inexpugnable, que chacun peut édifier en lui-même. C'est là qu'il trouvera la liberté, l'indépendance, l'invulnérabilité, et, valeur éminemment stoïcienne, la cohérence avec soi-même [2]. » Les exercices philosophiques, dont a savamment parlé Pierre Hadot [3], visent à la transformation du moi. Parmi ceux-ci, il y a l'importance de l'exercice de la mort (« philosopher, c'est apprendre – s'exercer – à mourir », disait déjà Platon dans le *Phédon*, 67 e), la préparation aux « inconvénients d'exister » *(praemeditatio malorum)*. Pierre Hadot [4] dit que les stoïciens – comme les épicuriens – ont toujours considéré les exercices de mort comme des exercices de vie *(Ep.*, 26, 9-10). La possibilité de se donner la mort transforme le destin en liberté.

Non pas dire : « Frères, il faut mourir ! », comme

1. *Ep.*, 101, 15 (voir aussi, *Ep.*, 70, 4).

2. Pierre HADOT, *Qu'est-ce que la philosophie antique ?*, Gallimard, coll. Folio essais,1995, p. 199.

3. Pierre HADOT, *Exercices spirituels et philosophie antique*, nouv. éd., Albin Michel, 2002, en particulier, p. 19 sq. Voir également : *La Philosophie comme manière de vivre*, Albin Michel, 2001, p. 143 sq.

4. *La Philosophie comme manière de vivre*, op. cit., p. 170.

il est d'usage funèbre chez certains moines chrétiens,
ni : « Frères, il faut vivre ! », un impératif vitaliste sans
fondement. Mais plutôt – ce qui requiert une conscience
aiguë de notre contingence (« Chaque jour, chaque heure
fait voir à l'homme combien peu de chose il est [1] ») – si :
« vivre t'agrée : vis donc. Il ne t'agrée pas : libre à toi
de t'en retourner d'où tu es venu [2] ». Le suicide est un
acte libre, trop sérieux pour être confié à un dépressif :
« Un coup de lancette dégage la route vers cette sublime
liberté [3]. »

Nous ne voyons pas dans les pages de Sénèque
d'enthousiasme obsessionnel pour le suicide, ni de pente
mortifère, plutôt un appel insistant (« l'issue est grande
ouverte », la mort est « sous la main ») à la *conversion*
philosophique (*Ep.*, 37, 3). C'est qu'une vie sereine est
à ce prix. Comme le dit Pierre-Emmanuel Dauzat : « Il
[Sénèque] s'est donné la mort pour rester homme [4]. »
Lorsque l'heure est venue – sans céder à la panique ou
à l'exaltation –, il faut se souvenir que le chemin de la
liberté peut être n'importe quelle veine de notre corps
(*Colère*, III, XV, 4). On choisit de sortir [5] de la vie comme
on quitte la table, non parce qu'elle est indigente, elle est
au contraire bien remplie, mais parce qu'on ne peut plus,
pour des raisons diverses, s'y restaurer dignement [6].

---

1. *Ep.*, 101, 1.
2. *Ep.*, 70, 15.
3. *Ep.*, 70, 16.
4. Introduction à *La Vie heureuse* de Sénèque, Classiques en poche,
Les Belles-Lettres, 2002, p. 19. Voir également du même auteur : *Le
Suicide du Christ*, PUF, 1998, p. 33 sq.
5. « L'homme de cœur, le sage ne s'enfuit pas de la vie ; il en sort »,
Ep., 24, 25.
6. In *Stoicorum veterum fragmenta* III, 768 (recueil de citations
et d'allusions attribuées au stoïcisme ancien par des auteurs de
l'Antiquité) sont énumérés cinq cas qui justifient que l'on puisse quitter

Quelques siècles de christianisme rendront difficile-
ment audibles de telles paroles. Le suicide, au moins
depuis saint Augustin, étant assimilé à un meurtre. [1]

V. « *Sénèque ou le toréador de la vertu* » (Nietzsche)

> « *Je veux que tu n'aies jamais manqué
> d'allégresse. Je veux qu'elle foisonne en ton
> logis. Elle foisonnera à condition d'être au-
> dedans de toi-même.* »
>
> Sénèque (*Ep.*, 23, 4)

Son stoïcisme n'est pas pur jus [2]. Qui recherche
une doctrine strictement orthodoxe s'adressera à plus
dogmatique. Sénèque n'est pas pour autant un éclectique.
S'il n'hésite pas à emprunter à Épicure (nombre de
sentences épicuriennes émaillent les trente premières
Lettres, « car j'aime aussi à passer dans le camp d'autrui.
Comme transfuge ? Non pas ; comme éclaireur », *Ep.*,
2, 5) et à d'autres, il revendique explicitement son
appartenance à la « secte [3] » stoïcienne. Il est comme
les abeilles de Montaigne « qui pillotent de çà de là,

---

un banquet et de même cinq cas où il est permis de quitter la vie.
Cf. Paul Veyne, SÉNÈQUE, *Entretiens, Lettres à Lucilius, op. cit.*,
p. LXXXVII.

1. « Celui qui attente à sa propre vie ne fait rien d'autre qu'occire
un être humain », *La Cité de Dieu*, I, XX. Gallimard, Bibliothèque de la
Pléiade, trad. Lucien Jerphagnon, 2000, p. 31.

2. Quintilien (v. 30 - v. 100 apr. J.-C.) l'accusera d'être un
philosophe amateur, n'ayant qu'une connaissance approximative des
doctrines réduites à quelques formules : « Son style est la plupart du
temps corrompu, et d'autant plus pernicieux qu'il regorge de défauts
séduisants », *De Institutione oratoria*, X, 1, 129.

3. Le mot ne doit pas être pris en mauvaise part : une secte est un
ensemble de personnes professant une même doctrine.

mais qui font après un miel qui est tout leur». C'est ce qui le rend précieux, parce que faiblement idéologique. Plagiant George Steiner[1], qui nous invite à lire et relire les maîtres, on pourrait dire que tout est vérité chez Sénèque, «ce qui n'implique pas qu'il faille croire tout ce qu'il dit».

Les *Lettres à Lucilius* forment une sorte de traité de métaphysique appliquée[2], les grands thèmes de la pensée stoïcienne y sont exposés au gré de leçons vivantes parce qu'*incarnées*. Le lecteur, dès lors, peut mettre ses pas dans ceux de Lucilius et, comme lui, entreprendre de se libérer (*Ep.*, 1, 1), comme lui, dans les mots de Marc Aurèle, apprendre à se redresser («Le sage n'est pas droit mais redressé», *Pensées*, VII, 12).

En toutes circonstances, il faut avoir «son» Sénèque sous la main[3], il peut être précieux, surtout par gros temps. Sans tarder, il faut se déprendre des systèmes qui nous enseignent à disputer non à vivre[4]. Et puisqu'il faut passer sa vie à apprendre à vivre, employons-nous dès aujourd'hui à convertir notre attitude mondaine : «Après t'avoir défendu le désir, je te permettrai le consentement», écrit-il à Lucilius (116, 1). Consentir, c'est vouloir ce qui est, ce qui est de notre ressort et cela seul[5].

Le sage stoïcien est sans désir parce que rien ne lui

---

1. *Maîtres et disciples*, Gallimard, 2003, p. 113.
2. La longue et riche introduction de Paul Veyne aux œuvres de Sénèque, *op. cit.*, comporte un exposé du stoïcisme du philosophe, p. XXXVI sq.
3. «Les dogmes, les règles de vie, il faudra s'efforcer de les "avoir sous la main" pour pouvoir se conduire en philosophe dans toutes les circonstances de la vie», Pierre HADOT, *Exercices spirituels et philosophie antique*, *op. cit.*, p. 271.
4. *Ep.*, 95, 13.
5. Cf. André COMTE-SPONVILLE, *Une éducation philosophique*,

manque, il ignore l'espérance et la crainte (« Tu cesseras de craindre, si tu as cessé d'espérer », *Ep.*, 5, 7). Il ne vit pas « penché sur le lendemain » (*La tranquillité de l'âme*, IX, 2). Il ne reste qu'à consentir joyeusement [1] au « destin » (« le destin guide ceux qui lui sont dociles et tire ceux qui lui sont rebelles », *Ep.*, 107, 11), à habiter le présent *vivant*. Le présent, qui est l'unique temps du salut.

IV, 2, « La volonté contre l'espérance (à propos des stoïciens) », PUF, Perspectives critiques, 1989, p. 196 sq.

1. La joie *(gaudium)*, qui n'est ni la bonne humeur *(laetitia)*, ni la franche gaîté *(hilaritas)*, s'identifie au souverain bien. Voir *Ep.*, 23, 3-4.

Résumé des lettres 22 à 41

LIVRE III

Lettre 22

Il faut se défaire de ses occupations. Mais, il faut attendre le moment opportun. Épicuriens et stoïciens se rejoignent dans une même idée : il faut se retirer de son propre chef avant que cette liberté ne nous soit ôtée. Il est facile d'échapper à ses occupations si l'on en méprise la valeur. La servitude retient peu d'hommes, ce sont eux qui retiennent la servitude. En revanche, Épicure a tort de dire que : « Personne ne sort de la vie autrement que comme il est né », car nous mourrons plus mauvais qu'en naissant ! Mais, c'est de notre faute. La sagesse, c'est de mourir aussi dénudé qu'à la naissance. Il nous appartient de vivre bien, non de vivre longtemps.

Lettre 23 :

Le premier devoir est de faire l'apprentissage de la joie. Il ne faut pas la mettre dans des choses vaines. Elle n'est pas frivole, mais sévère, et elle ne foisonnera qu'à la condition d'être au-dedans de nous-mêmes, car toute joie importée est superficielle. Le souverain bien jaillit d'une vie droite et constante. Que certains puissent commencer là où il faut finir montre bien qu'ils ont cessé de vivre avant même d'avoir commencé.

Lettre 24 :

C'est folie de se rendre dès maintenant malheureux, au prétexte que nous le serons quelque jour. Il ne faut pas ruiner le présent par la crainte du futur. Il faut seulement se fortifier. L'exil, la prison, la torture ou la mort peuvent être endurés – comme nous le montrent à l'envi nombre de figures exemplaires (Rutilius, Socrate, Caton, Scipion) –, et n'ont de terrible que la peur qu'on en a. Répétons-nous que ce qui peut arriver doit arriver. Chaque expérience peut se transformer en son contraire : ainsi tel bon repas suivi d'indigestion, ainsi la mort elle-même qui nous libère de toutes entraves. Nous ne versons pas subitement dans la mort puisque nous mourons un peu chaque jour. Épicure a raison de gourmander ceux qui souhaitent la mort comme ceux qui la redoutent. Il faut se garder de l'envie de mourir. Le sage ne s'enfuit pas de la vie, il en sort.

Lettre 25 :

Il y a deux manières de procéder. Avec les uns, la manière forte, il s'agit de briser de mauvaises habitudes, avec les autres il faut adopter une méthode plus douce et plus progressive. Lucilius doit réduire son train de vie, s'éloigner des biens matériels. Il faut apprendre à se contenter de peu, de pain et d'eau. Il faut se garder de la solitude et vivre comme si nous étions sous la surveillance continuelle de quelque directeur idéal vertueux.

Lettre 26 :

La vieillesse n'affecte que le corps, l'âme garde sa verdeur. Il faut faire la part entre ce que l'on doit à la sagesse et ce que l'on doit à l'âge. S'exercer à mourir n'est pas vain au motif que l'on ne meurt qu'une fois. S'exercer à mourir, selon le mot d'Épicure, c'est s'exercer à être libre. Si les circonstances l'exigent, il faut être prêt à prendre congé.

Lettre 27 :

En s'adressant à Lucilius, c'est à lui-même que Sénèque présente ses conseils. Il faut que nos vices meurent avant nous. Seule la vertu peut procurer une joie constante et sûre. L'apprentissage de la sagesse ne se délègue pas. L'esprit de sagesse ne se prête ni ne s'achète, ainsi que l'illustre l'apologue du dénommé Calvisius Sabinus qui pour paraître érudit faisait apprendre à ses esclaves des vers de la littérature lyrique.

Lettre 28 :

Les voyages ne sauraient nous guérir de nos maux qui partout nous suivent. Au contraire, le ballottement de celui qui fuit sans cesse ajoute le déséquilibre à l'incommodité. Dès lors que l'on cesse de s'assujettir à un lieu, on peut vivre partout. L'univers entier est notre patrie. L'art de bien vivre est déposé en tout lieu. Il est préférable, toutefois, de chercher des endroits paisibles, à l'abri des influences nuisibles. Épicure a raison de dire que qui connaît sa faute est en voie de la corriger. Il faut s'exercer à être le juge de soi-même non son avocat.

Lettre 29 :

Marcellinius, ami commun de Sénèque et de Lucilius, semble être récalcitrant aux conseils philosophiques. N'en déplaise aux Cyniques, le tout-venant ne mérite pas qu'on lui prodigue des leçons de sagesse. Elle est un art qui vise un but précis et qui doit choisir des êtres perfectibles. Le cas de Marcellinius n'est pourtant pas désespéré : il faut lui tendre la main, faire montre de patience. Même s'il rit des autres et de lui-même, même s'il se moque des charlatans qui passent pour philosophes, un peu de persévérance en viendra peut-être à bout. Lucilius est exhorté à régler sa vie sur les opinions des philosophes dignes de ce nom, de quelque secte qu'il soit. En tout cas, ne point se piquer de plaire au peuple, mais à soi-même, de ne craindre ni les dieux ni les hommes et de vaincre ses maux.

LIVRE IV

Lettre 30 :

L'historien Bassus Aufidius, bien que rendu physiquement débile par le grand âge, conserve une belle humeur. C'est ce que garantit la philosophie. Il regarde la mort avec sérénité, en parle avec détachement. On ne saurait redouter un dommage que l'on ne subira pas. Celui qui refuse la mort n'accepte pas de vivre, puisque nous avons reçu la vie à charge de mourir. Elle est égale pour tous, c'est la loi de la nature qui toujours décompose et recompose de nouvelles formes. Bassus Aufidius va vers la mort sans haine de la vie. Dans l'esprit d'Épicure, il démontre que nous ne craignons jamais la mort elle-même mais l'idée que nous nous en faisons. Il faut que Lucilius pense sans cesse à la mort pour ne la craindre jamais.

Lettre 31 :

Lucilius est sur la bonne voie. Il lui reste à s'affranchir des biens illusoires de ce monde. Le travail ne saurait être réputé un bien, puisque pouvant servir à des fins utiles ou nuisibles. Le seul bien véritable est le savoir, le mal est de l'ignorer. La sagesse sanctifie le travail. Qui atteint le souverain bien est l'égal des dieux. Ce n'est ni l'argent, ni la réputation, ni de grands équipages qui peuvent nous élever au niveau de la divinité, mais l'excellence de notre âme qu'il nous appartient de façonner.

Lettre 32 :

Lucilius doit conduire sa vie comme s'il était sous le regard de Sénèque. Il ne doit pas se laisser distraire par ceux qui dans le quotidien l'assiègent. À l'écart des bruits du monde, il réalisera son indépendance (autarcie), alors chaque instant de sa vie pourra prétendre à la perfection et donc au bonheur. Qu'il comprenne que le temps ne nous importe en rien. C'est ici et maintenant que tout se joue.

Lettre 33 :

Lucilius regrette que Sénèque ne ponctue pas ses lettres de citations stoïciennes. Il y a un bon et un mauvais usage des citations. À quoi bon s'encombrer l'esprit de préceptes et de formules, comme si nous obéissions à des ordres extérieurs. Et puis, se souvenir n'est pas savoir. Il faut méditer le sens des aphorismes, faire siens les savoirs sans les rapporter toujours à des modèles. Les Anciens ne sont que des guides sur une route qu'il nous appartient de paver.

Lettre 34 :

Les progrès en sagesse de Lucilius comblent Sénèque de joie. La conversion de son ami à la philosophie est un peu comme son œuvre, qui en retour l'exhorte à demeurer ferme et constant. Le bien est en vue pour qui est en accord avec soi-même.

Lettre 35 :

Il faut progresser dans la sagesse pour apprendre à aimer. Ainsi l'amitié qui lie Sénèque à Lucilius s'en trouve-t-elle enrichie. L'essentiel est de se maintenir en cohérence avec soi-même, d'être ferme dans ses principes et de ne vouloir rien d'autre aujourd'hui que nous ne voulions la veille.

Lettre 36 :

Un ami de Lucilius a fait le bon choix en délaissant une situation avantageuse pour se consacrer à la méditation. Celui qui recherche la réussite ne connaîtra jamais le repos. L'âme du sage, indifférente à la fortune, est inentamable. Que l'ami de Lucilius s'applique à mépriser la mort. Elle n'offre aucun désagrément. Avec elle, nous ne versons pas dans le néant puisque toutes les choses recommencent perpétuellement. Qui est assuré de revenir doit partir de bonne grâce.

Lettre 37 :

Lucilius s'est engagé à pratiquer la sagesse. Tout autrement que le soldat ou le gladiateur, son « serment » l'engage tout entier. Seule la philosophie nous ouvre le chemin de la tranquillité de l'âme et de la liberté. Qui veut se soumettre toutes choses, doit se soumettre à la raison. Il faut résolument aller son pas.

Lettre 38 :

Lucilius souhaiterait qu'ils s'écrivent plus souvent. Sénèque en convient, le libre entretien, parce que familier, instille dans l'âme le bon conseil plus sûrement que les discours apprêtés. Le ton bas convient à leur relation philosophique. Comme une bonne graine, le précepte juste ensemencera l'âme bien disposée qui enfantera d'abondance.

Lettre 39 :

Sénèque acquiesce à la requête de Lucilius qui lui réclame un résumé de philosophie, mais il le fera à sa façon. En lisant avec profit les œuvres des penseurs, Lucilius s'inspirera de leur générosité d'âme. Une âme généreuse, c'est sa plus belle vertu, nous porte vers le bien. Elle préfère le juste milieu à l'excès. Éloge de la modération, qui nous évite les égarements de l'illimité.

Lettre 40 :

Recevoir une lettre d'une main amie, nous fait retrouver l'absent. À propos d'une conférence du philosophe Sérapion, à laquelle assista Lucilius, Sénèque dit ce qu'il faut penser des orateurs qui versent sur leur auditoire un flot de paroles débordant. Ne peut être communiqué ce qui pareillement s'enfuit. L'éloquence philosophique doit être réglée, à la mesure de qui chemine pas à pas. C'est aussi affaire de tempérament national ce qui passera chez un Grec ne passera pas chez un Romain. Une belle figure : Papirius Fabianus. Le philosophe doit se garder de toute précipitation, y compris dans les mots.

Lettre 41 :

Dieu est avec nous, puisqu'il est partout, puisqu'il a organisé le monde dans lequel nous vivons lui et nous. Dieu est en nous puisque notre âme en est une parcelle. Il est en nous le témoin et le juge de nos actes. Certains spectacles sublimes de la nature inspirent un sentiment religieux de mystère et de respect. Que dire, alors, du spectacle d'une âme qui domine les évènements, d'une âme qui se gouverne, qui n'emprunte qu'à elle-même ce qui fait son lustre, sinon qu'elle provoque l'admiration ? L'âme, et en elle une raison parfaite, est le propre de l'homme, elle exige de lui qu'il vive en accord avec sa nature.

LETTRES À LUCILIUS
LIVRES III-IV

LIBER III

1 Iam intellegis educendum esse te ex istis occupa-
tionibus speciosis et malis, sed quomodo id consequi possis, quaeris. Quaedam non nisi a praesente
monstrantur. Non potest medicus per epistulas cibi
aut balnei tempus eligere : uena tangenda est. Vetus
prouerbium est, gladiatorem in harena capere consilium : aliquid aduersarii uultus, aliquid manus mota,
aliquid ipsa inclinatio corporis intuentem monet.
2 Quid fieri soleat, quid oporteat, in uniuersum et
mandari potest et scribi ; tale consilium non tantum
absentibus, etiam posteris datur : illud alterum,
quando fieri debeat aut quemadmodum, ex longinquo
nemo suadebit, cum rebus ipsis deliberandum est.
8 Non tantum praesentis, sed uigilantis est occasio-
nem obseruare properantem. Itaque hanc circumspice ;

LIVRE III

1 À cette heure tu comprends que tu dois te soustraire aux brillantes misères de l'emploi qui t'absorbe. Mais tu demandes comment y parvenir. Il est des choses dont la démonstration se fait sur place. Un médecin ne saurait par correspondance préciser les heures de l'alimentation ou du bain : le pouls est à tâter. Un vieux proverbe dit que le gladiateur prend sa décision dans l'arène. La physionomie de l'adversaire, un mouvement de main, la posture même sont autant d'avertissements à l'homme qui regarde. **2** La question des usages, des devoirs prête à des consultations générales et par commission verbale et par écrit ; ces sortes d'instructions sont faites pour les absents et même pour la postérité. Mais le moment opportun et le choix des moyens ne se prescriront jamais à distance : il s'agit de raisonner directement avec les faits.

3 Ce n'est pas assez d'être présent, si l'on n'est vigilant pour surprendre l'occasion fugitive [1]. Épie-la ;

---

1. La doctrine de l'*eukairia* : le sens de l'opportunité ou de la conjoncture *(opportunitas)*, érigé par les stoïciens en vertu. « Si le stoïcisme est une doctrine de la volonté, il n'exclut pas une juste adaptation du vouloir aux conditions de la vie pratique, à ce que nous appelons aujourd'hui la "conjoncture" », Pierre GRIMAL, *Sénèque, op. cit.*, p. 106.

hanc si uideris, prende et toto impetu, totis uiribus id
age, ut te istis officiis exuas. Et quidem quam sententiam feram, attende : censeo aut ex ista uita tibi
aut e uita exeundum. Sed idem illud existimo, leni
eundum uia, ut quod male implicuisti, soluas potius
quam abrumpas, dummodo, si alia soluendi ratio non
erit, uel abrumpas. Nemo tam timidus est, ut malit
semper pendere quam semel cadere. 4 Interim, quod
primum est, impedire te noli : contentus esto negotiis,
in quae descendisti, uel, quod uideri mauis, incidisti.
Non est quod ad ulteriora nitaris, aut perdes excusa-
tionem et apparebit te non incidisse. Ista enim, quae
dici solent, falsa sunt : « Non potui aliter. Quid, si nol-
lem ? Necesse erat. » Nulli necesse est felicitatem cursu
sequi : est aliquid, etiam si non repugnare, subsistere
nec instare fortunae ferenti. 5 Numquid offenderis, si
in consilium non uenio tantum, sed aduoco, et quidem
prudentiores quam ipse sum, ad quos soleo deferre, si
quid delibero ? Epicuri epistulam ad hanc rem perti-
nentem lege, Idomeneo quae *inscribitur*, quem rogat,
ut quantum potest fugiat et properet, antequam aliqua uis maior interueniat et auferat libertatem rece-
dendi. 6 Idem tamen subicit nihil esse temptandum,
nisi cum apte poterit tempestiueque temptari : sed
cum illud tempus captatum diu uenerit, exiliendum
ait. Dormitare de fuga cogitantem uetat et sperat sa-

dès l'abord, saisis-toi d'elle. Emploie tout ton élan, toutes tes forces à te dépouiller de tes conventionnels devoirs. Pour en dire plus, sois attentif à l'arrêt que je prononce : j'estime qu'il te faut quitter ou ton genre de vie ou la vie. Mais en même temps j'estime qu'il convient d'aller doucement : le lien que tu as malencontreusement formé, dénoue-le, plutôt que de le rompre, pourvu que, s'il ne se peut autrement dénouer, tu le rompes net. Il n'est poltron qui aimerait mieux toujours pendiller que tomber une fois. **4** En attendant, c'est le premier point, ne rive pas ta chaîne. Borne-toi aux besognes où tu t'es laissé tomber, disons, puisque tu préfères qu'on voie les choses ainsi, où le sort t'a fait tomber. Ne t'engage pas plus avant, sinon tu n'auras plus d'excuse et il apparaîtra que ta chute n'est pas accidentelle. Faussetés, en effet, que ces raisons qu'on allègue : « Je ne pouvais faire autrement. Et si je n'avais pas voulu ? Il y avait nécessité. » Courir après la félicité n'est une nécessité pour personne ; c'est par contre quelque chose, même sans résistance ouverte, que de faire halte, au lieu de presser la fortune qui nous emporte.

5 T'offenseras-tu, si, non content d'intervenir au conseil, j'y appelle d'autres personnes, à vrai dire plus éclairées que moi, à qui ordinairement j'en réfère, quand j' ai un parti à prendre ? Lis une lettre d'Épicure se rapportant à mon sujet. C'est la lettre à Idoménée [2]. Il lui demande de fuir de tout son pouvoir sans perdre un instant, avant qu'une force dominante ne s'interpose, ôtant le champ libre à la retraite. **6** Néanmoins, il ajoute en même temps que tout ce qu'on tente, il le faut tenter à propos et en temps opportun ; mais, déclare-t-il, l'heure tant épiée une fois venue, on n'a plus qu'à sauter le pas. Il interdit le sommeil à qui médite de fuir, et il espère qu'on peut se tirer avantageusement des cas les plus

---

2. Correspondance perdue. Voir *Ep.*, 21, 3.

lutarem etiam ex difficillimis exitum, si nec propere-
mus ante tempus nec cessemus in tempore. 7 Puto,
nunc et Stoicam sententiam quaeris. Non est quod
quisquam illos apud te temeritatis infamet : cautiores
quam fortiores sunt. Expectas forsitan, ut tibi haec
dicant : « Turpe est cedere oneri : luctare cum eo, quod
semel recepisti. Non est uir fortis ac strenuus qui laborem fugit, nisi crescit illi animus ipsa rerum difficul-
tate. » 8 Dicentur tibi ista, si operae pretium habebit
perseuerantia, si nihil indignum bono uiro faciendum
patiendumue erit : alioquin sordido se et contumelioso
labore non conteret nec in negotiis erit negotii causa.
Ne illud quidem, quod existimas facturum eum, faciet, ut ambitiosis rebus implicitus semper aestus
earum ferat : sed cum uiderit grauia, in quibus uolu-
tatur, incerta, ancipitia, referet pedem, non uertet
terga, sed sensim recedet in tutum. 9 Facile est autem,
mi Lucili, occupationes euadere, si occupationum pre-
tia contempseris. Illa sunt, quae nos morantur et de-
tinent : « Quid ergo ? tam magnas spes relinquam ? Ab
ipsa messe discedam ? Nudum erit latus, incomitata
lectica, atrium uacuum ? » Ab his ergo inuiti homines
recedunt et mercedem miseriarum amant, ipsas exe-
crantur. 10 Sic de ambitione quomodo de amica que-
runtur : id est, si uerum adfectum eorum inspicias,
non oderunt, sed litigant. Excute istos, qui, quae cu-
piere, deplorant et de earum rerum locuntur fuga, quibus carere non possunt : uidebis uoluntariam esse illis
in eo moram, quod aegre ferre ipsos et misere locuntur.
11 Ita est, Lucili : paucos seruitus, plures seruitutem
tenent. Sed si deponere illam in animo est et libertas

difficiles, si l'on évite toute précipitation avant l'heure et tout relâchement quand l'heure est venue.

7 Tu voudrais, je pense, avoir par surcroît l'avis des stoïciens. Nul n'est en droit de les taxer devant toi de témérité : ils sont encore plus précautionnés que courageux. Tu attends peut-être qu'ils te disent : « C'est une honte de plier sous le faix. Débats-toi avec lui une fois que tu l'as pris sur tes épaules. Qui fuit le labeur n'est pas homme brave et vaillant ; si son courage ne croît par la difficulté même des événements. » **8** Voilà ce qu'on te dira, dans les cas où il vaudra la peine que la constance intervienne, où il n'y aura rien à faire ni à subir qui soit indigne de l'honnête homme. Autrement, celui-ci ne s'usera pas dans un ignoble et humiliant labeur, ne vaquera pas aux besognes pour la besogne. Il ne fera pas même ce que tu t'attends à lui voir faire. Engagé dans la haute politique, il n'en essuiera pas perpétuellement les remous. Quand il aura vu les bas-fonds malsains où il se roule, dans l'incertitude et les périls, il reculera, ne tournera pas le dos, mais, petit à petit, se retirera en lieu sûr.

9 Échapper aux occupations, mon cher Lucilius, est facile, quand on méprise le profit des occupations. Car voilà les pensées qui retiennent et arrêtent : « Eh! quoi, je renoncerai à de si grandes espérances ? Je m'en irai en pleine moisson ? Plus de client à mon côté, litière sans cortège, atrium désert ? » Voilà ce à quoi les hommes ne renoncent qu'à contre-cœur : ils aiment le salaire de leurs misères, qu'elles-mêmes ils maudissent. **10** L'ambition est comme une maîtresse dont on se plaint. Pénétrons leurs vrais sentiments : ils ne haïssent point, ils font une scène. Fouille le cœur de ces gens qui gémissent du sort qu'ils ont désiré, qui parlent de fuir ce dont ils ne peuvent se passer : tu constateras qu'ils s'attardent très volontiers dans une situation qui, à les entendre parler, est pour eux gêne et tourment.

11 Oui, Lucilius, la servitude ne retient que peu d'hommes ; il en est plus qui retiennent la servitude. Pour

bona fide placuit, in hoc autem unum aduocationem
petis, ut sine perpetua sollicitudine id tibi facere con-
tingat, quidni tota te cohors Stoicorum probatura
sit ? Omnes Zenones et Chrysippi moderata, honesta,
tua suadebunt. 12 Sed si propter hoc tergiuersaris, ut
circum aspicias quantum feras tecum et quam magna
pecunia instruas otium, numquam exitum inuenies :
nemo cum sarcinis enatat. Emerge ad meliorem uitam
propitiis diis, sed non sic, quomodo istis propitii sunt,
quibus bono ac benigno uultu mala magnifica tribue-
runt, *ob* hoc unum excusati, quod ista, quae urunt,
quae excruciant, optantibus data sunt.

   13 Iam imprimebam epistulae signum : resoluenda
est, ut cum sollemni ad te munusculo ueniat, et aliquam magnificam uocem ferat secum : et occurrit mihi
ecce nescio utrum uerior an eloquentior. Cuius ?
inquis. Epicuri — adhuc enim alienas sarcinas ad-
fero — : 14 « Nemo non ita exit e uita, tamquam modo
intrauerit. » Quemcumque uis occupa, adulescentem
senem medium : inuenies aeque timidum mortis,
aeque inscium uitae. Nemo quicquam habet facti : in
futurum enim nostra distulimus. Nihil me magis in
ista uoce delectat quam quod exprobratur senibus
infantia. 15 « Nemo, inquit, aliter quam quo modo
natus est, exit e uita. » Falsum est : peiores morimur
quam nascimur. Nostrum istud, non naturae uitium

toi, si tu es décidé à rompre l'entrave, en sincère partisan
de la liberté, si tu ne sollicites un délai que pour amener
la rupture en évitant une inquiétude sans fin, comment
n'aurais-tu pas l'approbation de toute la troupe stoïque ?
Tous les Zénons, tous les Chrysippes ne te donneront que
des conseils modérés, moraux, conformes à ton bien.
12 Mais si tu ne prends ton temps que pour mieux noter
tout ce que tu emporteras avec toi, les grandes sommes qui
te serviront à meubler ton loisir, jamais tu n'en sortiras.
Le naufragé n'échappe pas avec ses bagages. Sors du
flot, pour commencer une vie meilleure, moyennant la
faveur des dieux, toute différente de celle qui va aux gens
à qui, d'un air serein et bienveillant, ils ont accordé de
magnifiques misères, ayant pour seule excuse que ces
poisons qui brûlent l'âme, qui la torturent, étaient une
concession à des vœux.

13 Déjà je mettais le cachet à ma lettre, mais il faut la
rouvrir, pour qu'elle t'arrive avec le petit présent d'usage,
porteuse de quelque magnifique parole. En voici une qui
se présente à moi et me parait aussi vraie qu'éloquente.
« De qui ? » dis-tu ; d'Épicure : cette fois encore, ce sont
articles d'emprunt que j'apporte. 14 « Il n'est personne qui
ne sorte de la vie tout comme s'il venait d'y entrer [3]. »

Prends qui tu veux, jeune homme, vieillard, homme
entre deux âges ; tu les trouveras tous, au même degré,
effrayés de la mort, ignorante de la vie. Nul n'a rien
d'achevé, car nous avons toujours remis nos affaires à
l'avenir.

Ce qui me plaît surtout dans la maxime, c'est ce
reproche d'enfance fait au vieillard.

15 Épicure dit : « Il n'est personne qui ne sorte de
la vie en même point qu'il était à sa naissance [4]. » Il se
trompe : nous mourons plus mauvais que nous ne sommes

---

3. ÉPICURE, fragm. 495 (nous donnons toujours les références de
l'édition Usener).
    4. ÉPICURE, *Sentences vaticanes*, 60.

est ; illa nobiscum queri debet et dicere : « Quid hoc est ? Sine cupiditatibus uos genui, sine timoribus, sine superstitione, sine perfidia ceterisque pestibus : quales intrastis, exite. » 16 Percepit sapientiam, si quis tam securus moritur quam nascitur : nunc uero trepidamus, cum periculum accessit, non animus nobis, non color constat, lacrimae nihil profuturae cadunt. Quid est turpius quam in ipso limine securitatis esse sollicitum ? 17 Causa autem haec est : quod inanes omnium bonorum sumus, uitae <iactura> laboramus. Non enim apud nos pars eius ulla subsedit : transmissa est et effluxit. Nemo quam bene uiuat, sed quam diu, curat, cum omnibus possit contingere, ut bene uiuant, ut diu, nulli. Vale.

Seneca Lvcilio svo salvtem   23

1 Putas me tibi scripturum, quam humane nobiscum hiems egerit, quae et remissa fuit et breuis, quam malignum uer sit, quam praeposterum frigus, et alias ineptias uerba quaerentium ? Ego uero aliquid, quod et mihi et tibi prodesse possit, scribam. Quid autem id erit, nisi ut te exhorter ad bonam mentem ? Huius fundamentum quod sit quaeris ? ne gaudeas uanis. Fundamentum hoc esse dixi : culmen est. 2 Ad summa peruenit, qui scit, quo gaudeat, qui felicitatem suam in aliena potestate non posuit ; sollicitus est et incertus sui, quem spes aliqua proritat, licet ad manum sit, licet non ex difficili petatur, licet numquam illum

nés. C'est notre faute, non celle de la nature. Elle serait
en droit de se plaindre de nous et de dire : « Qu'est-ce
que cela ? Je vous ai mis au monde purs de passions,
étrangers à la peur, à la superstition, à la perfidie, à toutes
les pestes de l'âme. Sortez-en tels que vous y êtes entrés. »
16 Il a cueilli les fruits de la sagesse, celui qui meurt dans
la sécurité d'esprit où il est né. En fait, quand le péril
est proche, la tête nous tourne ; le cœur nous manque,
nous changeons de visage ; d'inutiles larmes tombent de
nos yeux. Quelle honte ! Trembler d'inquiétude au seuil
même de la sécurité ! **17** La raison, c'est que, dénués de
tous biens, nous souffrons d'avoir gâché notre vie, cette
vie qui n'a pas laissé une parcelle d'elle-même en notre
possession, elle a passé, elle s'est écoulée. Pas un ne se
demande s'il vit bien, mais s'il aura longtemps à vivre.
Cependant tout le monde est maître de bien vivre ; nul,
de vivre longtemps.

LETTRE 23

1 Attends-tu que je t'écrive combien l'hiver, qui a été
modéré et court, s'est montré gentil pour nous ; combien
le printemps est avare de beaux jours et le froid en retard
sur la saison ; et autres niaiseries de gens qui cherchent
de quoi parler ? Je n'écrirai, moi, que quelque chose,
dont, l'un et l'autre, nous puissions profiter. Que sera-ce
donc, sinon de t'exhorter à la sagesse ? Mais la base de la
sagesse, quelle est-elle ? Tu le demandes ? Ne pas mettre
sa joie dans les choses vaines. La base, ai-je dit. C'en est
le faîte. **2** Celui-là est parvenu au point suprême, qui sait
ce dont il doit se réjouir, qui n'a pas remis son bonheur
à la discrétion d'autrui [5]. Il est inquiet, incertain de lui-
même, celui qu'une espérance excite, quand l'objet en
serait à portée de la main, et d'une visée facile, quand
jamais ses espoirs ne l'auraient déçu.

5. Voir *Ep.*, 59, 2.

sperata deceperint. 3 Hoc ante omnia fac, mi Lucili :
disce gaudere. Existimas nunc me detrahere tibi mul-
tas uoluptates, qui fortuita submoueo, qui spes, dul-
cissima oblectamenta, deuitandas existimo ? Immo
contra nolo tibi umquam deesse laetitiam. Volo illam
tibi domi nasci : nascetur, si modo intra te ipsum sit.
Ceterae hilaritates non implent pectus, frontem remit-
tunt, leues sunt, nisi forte tu iudicas eum gaudere, qui
ridet : animus esse debet alacer et fidens et supra omnia erectus. 4 Mihi crede, uerum gaudium res seuera
est. An tu existimas quemquam soluto uultu et, ut
isti delicati locuntur, hilariculo mortem contemnere,
paupertati domum aperire, uoluptates tenere sub fre-
no, meditari dolorum patientiam ? Haec qui apud se
uersat, in magno gaudio est, sed parum blando. In
huius gaudii possessione esse te uolo : numquam defi-
ciet, cum semel, unde petatur, inueneris. 5 Leuium
metallorum fructus in summo est : illa opulentissima
sunt, quorum in alto latet uena adsidue plenius res-
ponsura fodienti. Haec, quibus delectatur uulgus, te-
nuem habent ac perfusoriam uoluptatem, et quodcumque inuecticium gaudium est, fundamento caret :
hoc, de quo loquor, ad quod te conor perducere, soli-
dum est et quod plus pateat introrsus. 6 Fac, oro te,
Lucili carissime, quod unum potest praestare felicem :
dissice et conculca ista, quae extrinsecus splendent,
quae tibi promittuntur ab alio uel ex alio : ad uerum
bonum specta et de tuo gaude. Quid est autem hoc

3 Ton premier devoir, le voici, mon cher Lucilius : fais l'apprentissage de la joie. À cet endroit, ne te dis-tu pas que je t'enlève bien des plaisirs, moi qui écarte de toi les biens fortuits, qui pense qu'il est bon de se soustraire aux espérances, douces enchanteresses ? Ah ! Bien au contraire : je veux que tu n'aies jamais manque d'allégresse. Je veux qu'elle foisonne en ton logis. Elle foisonnera, à condition d'être au dedans de toi-même. Quand la gaîté est d'une autre origine, elle ne remplit pas le cœur ; elle ne déride que le front ; elle est frivole, à moins que tu n'estimes que le rire est preuve de joie. L'attribut de l'âme est d'être alerte, assurée, dressée au-dessus de tous événements. **4** Crois-moi, la véritable joie est chose sévère. Ou bien t'imaginerais-tu que personne ait le visage épanoui et, comme s'expriment nos muguets, un brin folâtre, pour mépriser la mort, recevoir la pauvreté sous son toit, tenir en bride les instincts voluptueux, s'exercer à endurer les souffrances ? Celui qui retourne en lui ces pensées est dans une grande joie, mais peu avenante. Je veux te voir en possession d'une telle joie. Elle ne cessera jamais, quand tu auras une fois trouvé d'où on la prend. **5** Les mines de léger métal ont leur produit à fleur de sol. Les plus riches sont celles dont la veine se cache dans le fond, mais répondra bien plus pleinement à la ténacité du fouilleur. Les satisfactions où se plait le vulgaire offrent un plaisir mince et de surface ; au reste, toute joie importée en nous manque de base : la joie dont je parle, celle où je m'efforce de te conduire est solide [6] et de nature à se déployer davantage au dedans.

6 Mon bien-aimé Lucilius, je t'en conjure, prends le parti qui peut seul garantir le bonheur. Disperse, foule aux pieds les splendeurs du dehors, les promesses de celui-ci, les profits à tirer de celui-là ; tourne ton regard vers le bien véritable ; sois heureux de ton propre fonds.

6. Voir *Ep.*, 72, 4.

« de tuo » ? te ipso et tui optima parte. Corpusculum quoque, etiam si nihil fieri sine illo potest, magis necessariam rem crede quam magnam : uanas suggerit uoluptates, breues, paenitendas, ac nisi magna moderatione temperentur, in contrarium abituras. Ita dico : in praecipiti uoluptas ad dolorem uergit, nisi modum tenuit. Modum autem tenere in eo difficile est, quod bonum esse credideris : ueri boni auiditas tuta est. 7 Quod sit istud, interrogas, aut unde subeat? dicam : ex bona conscientia, ex honestis consiliis et rectis actionibus, ex contemptu fortuitorum, ex placido uitae et continuo tenore unam prementis uiam. Nam illi, qui ex aliis propositis in alia transiliunt aut ne transiliunt quidem, sed casu quodam transmittuntur, quomodo habere quicquam certum mansurumue possunt suspensi et uagi ? 8 Pauci sunt, qui consilio se suaque disponant ; ceteri eorum more, quae fluminibus innatant, non eunt, sed feruntur. Ex quibus alia lenior unda detinuit ac mollius uexit, alia uehementior rapuit, alia proxima ripae cursu languescente deposuit, alia torrens impetus in mare eiecit. Ideo constituendum est, quid uelimus, et in eo perseuerandum.

9 Hic est locus soluendi aeris alieni. Possum enim tibi uocem Epicuri tui reddere et hanc epistulam liberare : « Molestum est semper uitam inchoare » ; aut si hoc modo magis sensus potest exprimi : « Male uiuunt,

Mais ce fonds, quel est-il ? Toi-même, et la meilleure partie de toi. Ce pauvre corps aussi a beau être notre collaborateur indispensable : tiens-le pour un objet plus nécessaire que de conséquence. Il procure les vains plaisirs, courts, suivis de mécontentement et destinés, si une grande modération ne les tempère, à passer dans l'état opposé. Oui, oui, le plaisir est au rebord d'une pente : il incline vers la souffrance, dès qu'il n'observe plus la limite. Or, observer la limite est difficile à l'égard de ce qu'on a cru un bien. L'avide désir du vrai bien est sans risque. **7** En quoi consiste ce vrai bien, tu veux le savoir, et quelle est la source dont il jaillit ? Je le dirai: c'est la bonne conscience, les vertueuses intentions, les actions droites, le mépris des événements fortuits, le développement paisible et, régulier d'une existence qui ne foule qu'un seul chemin. Quant à ces hommes qui s'élancent de desseins en desseins, ou qui même, sans élan, s'y laissent pousser par le hasard, comment trouveraient-ils, eux si hésitants, si flottants, aucune certitude, aucun point d'appui ? **8** Ceux-là sont rares qui se conduisent par conseil, eux et leurs affaires. Tout le reste n'a pas d'allure propre, mais se laisse porter ; telles ces choses qui flottent sur les fleuves. Les unes retenues par une eau paisible sont charriées doucement ; d'autres dérivent au gré du courant ; en voici que l'onde, toute proche du bord, dépose languissamment sur la berge ; prises dans le tourbillon, celles-ci courent se perdre en mer. Nous avons donc à déterminer quel doit être l'objet de notre vouloir et à nous y tenir avec persévérance.

9 C'est ici le lieu de solder ma dette. Je puis te payer avec un mot de ton cher Épicure, qui acquittera la lettre de ce jour : « Il est fâcheux d'en être toujours au début de sa vie [7] » ou, si la pensée a ainsi plus de relief : « C'est mal vivre que de toujours commencer à vivre ».

---

7. ÉPICURE, fragm. 493.

qui semper uiuere incipiunt. » 10 « Quare ? » inquis :
desiderat enim explanationem ista uox. Quia semper
illis inperfecta uita est. Non potest autem stare para-
tus ad mortem, qui modo incipit uiuere. Id agendum
est, ut satis uixerimus : nemo hoc praestat, qui orditur
cum maxime uitam. 11 Non est quod existimes paucos
esse hos : propemodum omnes sunt. Quidam uero
tunc incipiunt, cum desinendum est. Si hoc iudicas
mirum, adiciam quod magis admireris : quidam ante
uiuere desierunt quam inciperent. VALE.

SENECA LVCILIO SVO SALVTEM   24

1 Sollicitum esse te scribis de iudicii euentu, quod
tibi furor inimici denuntiat ; existimas me suasurum,
ut meliora tibi ipse proponas et adquiescas spei blan-
dae. Quid enim necesse est mala accersere, satis cito
patienda, cum uenerint, praesumere ac praesens tempus futuri metu perdere ? Est sine dubio stultum, quia
quandoque sis futurus miser, esse iam miserum : sed
ego alia te ad securitatem uia ducam. 2 Si uis omnem
sollicitudinem exuere, quicquid uereris ne eueniat,
euenturum utique propone, et quodcumque est illud
malum, tecum ipse metire ac timorem tuum taxa :
intelleges profecto aut non magnum aut non longum
esse, quod metuis. 3 Nec diu exempla, quibus confir-
meris, colligenda sunt : omnis illa aetas tulit. In quam-
cumque partem rerum uel ciuilium uel externarum
memoriam miseris, occurrent tibi ingenia aut profectus aut impetus magni. Numquid accidere tibi, si

10 « Comment cela ? » dis- tu. Le mot réclame, en effet, une explication. Pareille vie est toujours imparfaite. Or, on ne peut se tenir prêt à mourir, si l'on commence seulement à vivre. Faisons en sorte d'avoir toujours assez vécu : cette condition, l'homme qui prépare tout juste la trame de sa vie ne la remplit point.

11 Ne pense pas que le cas s'applique à un petit nombre de personnes ; c'est à peu près celui de tout le monde. Certains commencent au moment où il faut finir. Tu t'en étonnes ? Voici de quoi t'étonner davantage : certains ont cessé de vivre avant d'avoir commencé.

Lettre 24

1 Tu es inquiet, m'écris-tu, de l'issue d'un procès que te suscite un ennemi acharné, et tu comptes que je t'engagerai à te représenter les choses sous un meilleur aspect, à te reposer sur une flatteuse espérance. Quelle nécessité, à vrai dire, d'appeler le mal, d'anticiper ses effets, qui se feront sentir toujours assez tôt, et de ruiner le présent par la crainte du futur ? Assurément, il y a folie, sous prétexte qu'on doit être malheureux un jour, à se rendre dès maintenant malheureux. Mais je te mènerai à la tranquillité par une autre voie.

2 Veux-tu dépouiller toute inquiétude ? Quelque événement que tu appréhendes, mets-toi dans l'esprit qu'il se produira immanquablement. Quel que soit le mal, prends-en la mesure dans ta pensée, établis là-dessus le bilan de tes craintes : tu comprendras certainement que ce qui te fait peur est sans importance ou sans durée. **3** Si, pour te fortifier, il te faut des exemples, ce sera vite fait de les recueillir : chaque siècle en a produit. Vers quelque période de notre histoire nationale, de l'histoire étrangère que se porte ton souvenir, tu rencontreras des âmes que signalent leur maturité philosophique ou la spontanéité de leur élan. Que peut-il t'arriver pis, si l'on te condamne,

damnaris, potest durius quam ut mittaris in exilium,
ut ducaris in carcerem ? Numquid ultra quicquam
ulli timendum est quam ut uratur, quam ut pereat ?
Singula ista constitue et contemptores eorum cita,
qui non quaerendi, sed eligendi sunt. 4 Damnationem
suam Rutilius sic tulit, tamquam nihil illi molestum
aliud esset quam quod male iudicaretur. Exilium
Metellus fortiter tulit, Rutilius etiam libenter : alter,
ut rediret, rei p. praestitit, alter reditum suum Sullae
negauit, cui nihil tunc negabatur. In carcere Socrates
disputauit et exire, cum essent qui promitterent fu-
gam, noluit remansitque, ut duarum rerum grauissi-
marum hominibus metum demeret, mortis et carceris.
5 Mucius ignibus manum inposuit. Acerbum est uri :
quanto acerbius, si id te faciente patiaris ! Vides hominem non eruditum nec ullis praeceptis contra mortem
aut dolorem subornatum, militari tantum robore in-
structum, poenas a se inriti conatus exigentem : spec-
tator destillantis in hostili foculo dexterae stetit nec
ante remouit nudis ossibus fluentem manum, quam
ignis illi ab hoste subductus est. Facere aliquid in illis
castris felicius potuit, nihil fortius. Vide quanto acrior
sit ad occupanda pericula uirtus quam crudelitas ad
inroganda : facilius Porsenna Mucio ignouit, quod
uoluerat occidere, quam sibi Mucius, quod non occi-

---

8. P. Rutilius Rufus (IIe av. J.-C.), élève de Panetius, fut exilé
à Smyrne. Il est l'un des jeunes interlocuteurs de la *République* de
Cicéron.

9. Q. Metellus Numidicus vainquit Jugurtha en - 109, mais fut exilé
par Marius.

que l'exil ou la prison ? Qu'est-ce qu'un homme a de plus à redouter que la torture par le feu, une mort violente ? Dresse pour toi le détail de ces épreuves, puis évoque ceux qui les ont méprisées. Ici, tu n'auras pas à chercher, mais à choisir.

4 Lorsqu'il reçut sa condamnation, Rutilius [8] fit bien voir qu'il n'y trouvait rien de fâcheux que l'injustice du procès. L'exil, Métellus [9] le supporta bravement, Rutilius avec plaisir même. L'un fit à la République la concession de son retour ; l'autre refusa le sien à Sylla, auquel rien alors ne se refusait. En prison, Socrate [10] disserte. Des amis lui promettent de le faire échapper : il refuse et demeure, afin d'ôter aux hommes la crainte des deux maux les plus redoutés, mort et prison. **5** Mucius [11] plonge sa main dans les flammes. Brûler est un rude tourment, combien plus rude, quand le patient est son propre bourreau ! Tu as devant toi un homme sans culture, qui n'est muni d'aucun précepte contre la mort ou la souffrance, fort de sa seule énergie de soldat. Il se punit d'une entreprise sans succès : il regarde sa main droite fondre au brasier ennemi ; il tient ferme et ne retire cette main liquéfiée jusqu'aux os que lorsque l'ennemi lui ôte le feu du réchaud. Il pouvait dans ce camp avoir plus de chance en son entreprise, non pas plus d'intrépidité. Vois combien la vertu est plus vive à marcher aux épreuves périlleuses que la cruauté à les infliger : Porsenna [12] pardonne plus facilement à Mucius d'avoir voulu tuer que Mucius à soi-même de n'avoir pas tué.

---

10. PLATON, *Criton*, 44 b *sq.*
11. Mucius Scaevola (fin VIᵉ av. J.-C.) se brûla la main pour se punir d'avoir tué un homme à la place du roi d'Étrurie pendant le siège de Rome.
12. Roi d'Étrurie.

derat. 6 « Decantatae, inquis, in omnibus scholis fabu-
lae istae sunt ; iam mihi, cum ad contemnendam
mortem uentum fuerit, Catonem narrabis. » Quidni
ego narrem ultima illa nocte Platonis librum legen-
tem posito ad caput gladio ? Duo haec in rebus extre-
mis instrumenta prospexerat, alterum ut uellet mori,
alterum ut posset. Compositis ergo rebus, utcumque
componi fractae atque ultimae poterant, id agendum
existimauit, ne cui Catonem aut occidere liceret aut
seruare contingeret. 7 Et stricto gladio, quem usque
in illum diem ab omni caede purum seruauerat :
« Nihil, inquit, egisti, fortuna, omnibus conatibus meis
obstando. Non pro mea adhuc sed pro patriae libertate pugnaui, nec agebam tanta pertinacia, ut liber,
sed ut inter liberos uiuerem : nunc quoniam deplora-
tae sunt res generis humani, Cato deducatur in tutum. »
8 Inpressit deinde mortiferum corpori uulnus : quo
obligato a medicis cum minus sanguinis haberet,
minus uirium, animi idem, iam non tantum Caesari
sed sibi iratus nudas in uulnus manus egit et genero-
sum illum contemptoremque omnis potentiae spiritum
non emisit, sed eiecit. 9 Non in hoc exempla nunc con-
gero, ut ingenium exerceam, sed ut te aduersus id, quod
maxime terribile uidetur, exhorter. Facilius autem
exhortabor, si ostendero non fortes tantum uiros hoc
momentum efflandae animae contempsisse, sed quosdam ad alia ignauos in hac re aequasse animum fortis-

6 « Ces histoires-là, dis-tu, sont des rengaines rabâchées dans toutes les écoles. Quand on en sera au point suivant : le mépris de la mort, tu me conteras l'histoire de Caton [13]. » Et pourquoi ne le montrerais-je pas à sa dernière nuit, lisant un livre de Platon, une épée sous son chevet ? Il s'était ménagé ces deux ressources dans cette extrémité : l'une lui donnerait la volonté, l'autre la possibilité, de mourir. Après avoir réglé ce qui pouvait l'être dans une situation compromise et désespérée, il regarda comme son devoir de n'abandonner à personne la liberté de tuer Caton ou l'honneur de le sauver. **7** C'est pourquoi, tirant son épée, qu'il avait conservée jusqu'à ce jour pure de toute effusion de sang : « Tu n'as rien gagné, s'écria-t-il, fortune, à t'opposer à tous mes efforts. Je n'ai pas combattu jusqu'ici pour ma liberté propre, mais pour la liberté de ma patrie. Je ne m'obstinais pas à ce point dans l'action pour être libre, mais pour vivre parmi des hommes libres. Puisqu'il n'y a plus qu'à désespérer du genre humain, il est temps de tirer Caton de la presse. »

8 Il frappe et se fait une blessure mortelle. Les médecins bandent la plaie. Ayant moins de sang, moins de forces, avec autant de cœur que jamais, irrité non plus contre César seul, mais contre lui-même, il porte ses mains désarmées sur la plaie, et cette âme généreuse contemptrice de toute tyrannie, il ne la rend pas, il la rejette.

9 J'accumule ici les exemples non pour donner à mon esprit de l'exercice, mais pour t'exhorter contre ce qui passe pour le plus terrible. Mon exhortation sera facilitée, si je te fais voir que ce ne sont pas seulement les cœurs bien trempés qui ont méprisé ce fatal moment où le souffle s'échappe ; que certaines personnes, pusillanimes pour d'autres choses, ont égalé en cette affaire les plus

---

13. Caton d'Utique, qui professait de solides principes stoïciens, se suicida en 46, après avoir passé la nuit à lire le *Phédon* de Platon.

simorum, sicut illum Cn. Pompei socerum Scipionem,
qui contrario in Africam uento relatus cum teneri
nauem suam uidisset ab hostibus, ferro se transuer-
berauit et quaerentibus ubi imperator esset : « Imperator, inquit, se bene habet. » 10 Vox haec illum parem maioribus fecit et fatalem Scipionibus in Africa
gloriam non est interrumpi passa. Multum fuit Car-
thaginem uincere, sed amplius mortem. « Imperator,
inquit, se bene habet : » an aliter debebat imperator,
et quidem Catonis, mori ? 11 Non reuoco te ad histo-
rias nec ex omnibus saeculis contemptores mortis,
qui sunt plurimi, colligo ; respice ad haec nostra tem-
pora, de quorum languore ac deliciis querimur : omnis ordinis homines suggerent, omnis fortunae, omnis
aetatis, qui mala sua morte praeciderint. Mihi crede,
Lucili, adeo mors timenda non est, ut beneficio eius
nihil timendum sit. 12 Securus itaque inimici minas
audi : et quamuis conscientia tibi tua fiduciam faciat,
tamen, quia multa extra causam ualent, et quod
aequissimum est spera et ad id te quod est iniquissi-
mum compara. Illud autem ante omnia memento,
demere rebus tumultum ac uidere quid in quaque re
sit : scies nihil esse in istis terribile nisi ipsum timorem. 13 Quod uides accidere pueris, hoc nobis quoque
maiusculis pueris euenit : illi quos amant, quibus
adsueuerunt, cum quibus ludunt, si personatos uident,

14. Vaincu après la bataille de Thapsus (46 av. J.-C.) où César mit
en déroute l'armée de Pompée. P. Scipion prit la fuite et se donna la
mort.

intrépides. Témoin Scipion [14], le beau-père de Pompée. Un vent contraire le rejette sur la côte d'Afrique : voyant son vaisseau capturé, il se transperce de son épée ; on demande où est le général. « Pour le général, dit-il, cela va bien. » **10** Une telle parole a fait de cet homme l'égal de ses ancêtres ; elle a permis qu'il n'y eût pas d'interruption dans la gloire prédestinée aux Scipions [15] en terre d'Afrique. C'était beaucoup de vaincre Carthage ; c'est un mérite plus grand de vaincre la mort. « Pour le général, cela va bien. » Un général, le général de Caton, devait-il mourir autrement ?

11 Je ne te renvoie, pas aux récits de l'histoire ; je ne procéderai pas d'âge en âge au long dénombrement des contempteurs de la mort. Jette les yeux sur notre époque, taxée par nous de mollesse et de sensualité : elle te mettra en présence d'hommes de tout rang, de toute fortune, de tout âge, qui, par la mort, ont coupé court à leurs maux. Oui, Lucilius, loin d'avoir à redouter la mort, nous lui devons de n'avoir plus rien à redouter.

12 Entends donc en toute tranquillité les menaces de ton ennemi. Tu es sûr de ton bon droit, tu as confiance ; cependant, comme bien des considérations étrangères au fond de l'affaire, prévalent, espère pleine justice et prépare-toi, dans le même temps, à la plus complète iniquité. Mais avant tout souviens-toi de faire abstraction du fracas dont les choses s'environnent, de bien voir ce qu'il y a au fond de chaque chose : tu reconnaîtras qu'il ne se trouve là-dedans rien de terrible que la peur qu'on en a. **13** Ce que tu vois arriver aux enfants, nous l'éprouvons, nous autres, grands enfants que nous sommes. Les personnes qu'ils aiment, auxquelles ils sont habitués, avec lesquelles ils jouent, si elles se présentent avec un

---

15. Scipion l'Africain (236 – 183 av. J.-C.), général romain vainqueur du carthaginois Hannibal. Scipion dit le second Africain (185 – 129 av. J.-C.) prit et détruisit Carthage.

expauescunt : non hominibus tantum, sed rebus per-
sona demenda est et reddenda facies sua. 14 Quid mihi gladios et ignes ostendis et turbam carnificum
circa te frementem? Tolle istam pompam, sub qua
lates et stultos territas : mors es, quam nuper ser-
uus meus, quam ancilla contempsit. Quid tu rursus
mihi flagella et eculeos magno apparatu explicas ?
Quid singulis articulis singula machinamenta, quibus
extorqueantur, aptata et mille alia instrumenta excar-
nificandi particulatim hominis ? Pone ista, quae nos
obstupefaciunt, iube conticiscere gemitus et exclama-
tiones et uocum inter lacerationem elisarum acerbita-
tem : nempe dolor es, quem podagricus ille contemnit,
quem stomachicus ille in ipsis deliciis perfert, quem
in puerperio puella perpetitur. Leuis es, si ferre possum, breuis es, si ferre non possum. 15 Haec in animo
uoluta, quae saepe audisti, saepe dixisti : sed an uere
audieris, an uere dixeris, effectu proba. Hoc enim turpissimum est, quod nobis obici solet, uerba nos philosophiae, non opera tractare. Quid ? tu nunc primum
tibi mortem inminere scisti, nunc exilium, nunc dolorem ? In haec natus es : quicquid fieri potest, quasi
futurum cogitemus. 16 Quod facere te moneo, scio
certe <te> fecisse. Nunc admoneo, ut animum tuum
non mergas in istam sollicitudinem : hebetabitur enim
et minus habebit uigoris, cum exsurgendum erit.
Abduc illum a priuata causa ad publicam : dic mor-
tale tibi et fragile corpusculum esse, cui non ex iniuria
tantum aut ex potentioribus uiribus denuntiabitur
dolor : ipsae uoluptates in tormenta uertuntur, epulae
cruditatem afferunt, ebrietates neruorum torporem

masque, les font trembler de peur. Ce n'est pas seulement aux hommes, c'est aux choses qu'on doit ôter le masque, les obligeant à reprendre leur vrai visage. 14 À quoi sert de me montrer ces glaives, ces feux, cette bande de bourreaux qui grondent autour de toi ? Rejette cet attirail qui te cache et qui ne terrifie que les sots. Tu es la mort, que naguère mon esclave, qu'une servante bravait. Quoi ! Encore tes fouets, tes chevalets que tu m'étales en grand appareil, ces outils qui s'adaptent pièce par pièce à toutes les jointures pour les disloquer, ces milliers d'instruments employés à déchirer, à déchiqueter un homme ? Dépose ces épouvantails ; fais taire les gémissements, les plaintes entrecoupées, les cris aigus du supplicié mis en morceaux. Eh bien ! tu es la douleur, que ce goutteux méprise, que ce dyspeptique subit au milieu même des délices, qu'endure dans l'accouchement la jeune femme ; douleur légère, si elle m'est supportable ; courte, si elle ne l'est pas.

15 Repasse en ton esprit ces maximes que tu as souvent entendues, souvent prononcées. Mais les entendais-tu, mais les prononçais-tu avec sincérité ? Prouve-le en les mettant en pratique. Car il n'est rien de plus honteux que l'imputation, souvent dressée contre nous, de manier le langage de la philosophie, non les actions qu'elle inspire. Et toi, n'as-tu appris que d'aujourd'hui que tu es sous la menace de la mort, de l'exil, de la souffrance ? C'est la loi de ta condition. Disons-nous toujours : ce qui peut arriver, doit arriver. 16 La règle que je t'enjoins, je suis bien sûr que tu l'as suivie : c'est ici un rappel que j'adjoins, afin que tu ne laisses pas ton âme s'abîmer dans ces inquiétudes : car elle s'émoussera, elle aura moins de vigueur, le moment venu de se relever. Fais-la passer de ta cause particulière à la cause de tous. Allègue que tu as un pauvre corps mortel et fragile ; ce ne sont pas seulement l'injustice ou les violences de la tyrannie qui lui notifieront la douleur : les plaisirs mêmes se transforment en tourments ; les bons repas sont suivis d'indigestions ; l'ivresse engourdit les nerfs et produit le tremblement ;

tremoremque, libidines pedum, manuum, articulo-
rum omnium deprauationes. 17 Pauper fiam : inter
plures ero. Exul fiam : ibi me natum putabo, quo mit-
tar. Alligabor : quid enim ? nunc solutus sum ? Ad
hoc me natura graue corporis mei pondus adstrinxit.
Moriar : hoc dicis, desinam aegrotare posse, desinam
alligari posse, desinam mori posse. 18 Non sum tam
ineptus, ut Epicuream cantilenam hoc loco persequar
et dicam uanos esse inferorum metus, nec Ixionem rota
uolui nec saxum umeris Sisyphi trudi in aduersum nec
ullius uiscera et renasci posse cotidie et carpi : nemo
tam puer est, ut Cerberum timeat et tenebras et larua-
lem habitum nudis ossibus cohaerentium. Mors nos aut
consumit aut exuit : emissis meliora restant onere de-
tracto, consumptis nihil restat, bona pariter malaque
summota sunt. 19 Permitte mihi hoc loco referre uer-
sum tuum, si prius admonuero, ut te iudices non aliis
scripsisse ista, sed etiam tibi. Turpe est aliud loqui,
aliud sentire : quanto turpius aliud scribere, aliud sentire ! Memini te illum locum aliquando tractasse, non
repente nos in mortem incidere, sed minutatim procedere. 20 Cotidie morimur : cotidie enim demitur

l'incontinence a pour conséquence la déformation des pieds, des mains, de toutes les jointures. **17** Deviendrai-je pauvre ? *Je serai en nombreuse compagnie.* Sera-ce l'exil ? *Je me persuaderai que je suis né au lieu où je devrai me rendre.* On m'enchaînera ? *Eh quoi ? Suis-je à présent libre d'entraves ? La nature m'a rivé au corps, bloc pesant.* Je mourrai ? *Tu veux dire : je ne serai plus sujet au risque des maladies, au risque des chaînes, au risque de la mort.*

18 Je ne suis pas assez sot pour répéter ici mot pour mot la vieille chanson épicurienne et dire que les terreurs de l'enfer sont sans objet, qu'il n'y a point d'Ixion [16] tournant sa roue, point de Sisyphe poussant de l'épaule un rocher à contre-mont ; qu'on ne saurait concevoir une créature dont les entrailles soient dévorées et renaissent chaque jour [17]. Nul n'est assez enfant pour craindre Cerbère et l'empire des ténèbres et l'étrange figure des larves, squelettes décharnés. La mort nous anéantit ou nous délivre : affranchis, nous voyons tomber notre fardeau, et la meilleure part de notre être subsiste. Réduits au néant, rien ne subsiste de nous : du même coup, biens et maux ont disparu.

19 Souffre qu'à cet endroit je cite un de tes vers, non sans t'avoir engagé à reconnaître que tu écrivais ceci moins encore pour les autres que pour toi. S'il est honteux de dire une chose et d'en penser une autre, combien ne l'est-il pas plus d'écrire autrement qu'on ne pense ? Je me souviens que tu as traité une fois ce thème, que nous ne tombons pas soudainement dans la mort, que nous nous acheminons petit à petit vers elle : nous mourons chaque jour. **20** Oui, chaque jour nous retire

---

16. Roi de Lapithes qui, pour avoir séduit Héra (Junon), fut jeté aux Enfers et attaché sur une roue enflammée qui tourna sans relâche.

17. Allusion au géant Tityos dont le corps fut jeté par les dieux dans le Tartare, pour avoir poursuivi Léto. Là, deux vautours lui rongèrent éternellement le foie.

aliqua pars uitae, et tunc quoque, cum crescimus, uita decrescit. Infantiam amisimus, deinde pueritiam, deinde adulescentiam. Vsque ad hesternum, quicquid transît temporis, periit ; hunc ipsum, quem agimus, diem cum morte diuidimus. Quemadmodum clepsydram non extremum stillicidium exhaurit, sed quicquid ante defluxit, sic ultima hora, qua esse desinimus, non sola mortem facit, sed sola consummat : tunc ad illam peruenimus, sed diu uenimus. 21 Haec cum descripsisses quo soles ore, semper quidem magnus, numquam tamen acrior quam ubi ueritati commodas uerba, dixisti : « Mors non una uenit, sed quae rapit, ultima mors est. » Malo te legas quam epistulam meam : apparebit enim tibi hanc, quam timemus, mortem extremam esse, non solam.

22 Video quo spectes : quaeris, quid huic epistulae infulserim, quod dictum alicuius animosum, quod praeceptum utile. Ex hac ipsa materia, quae in manibus fuit, mittetur aliquid. Obiurgat Epicurus non minus eos, qui mortem concupiscunt, quam eos, qui timent, et ait : « Ridiculum est currere ad mortem taedio uitae, cum genere uitae, ut currendum ad mortem esset, effeceris. » 23 Item alio loco dicit : « Quid tam ridiculum quam adpetere mortem, cum uitam inquietam tibi feceris metu mortis ? » His adicias et illud eiusdem notae licet, tantam hominum inprudentiam esse, immo dementiam, ut quidam timore mortis cogantur ad mortem. 24 Quicquid horum tractaueris,

une portion [18] de notre vie ; alors même que l'être est en croissance, la somme de ses jours décroît. Nous avons laissé derrière nous le bas-âge, l'enfance, l'adolescence. Tout le temps écoulé jusqu'à hier est perdu pour nous; ce jour même que nous vivons est partagé entre la vie et la mort. Comme ce n'est pas la dernière goutte d'eau qui épuise la clepsydre, mais tout ce qui en a découlé auparavant ; ainsi l'heure dernière où nous cessons d'être ne fait pas la mort à elle seule, mais seule la consomme. Nous arrivons alors au terme, mais depuis longtemps nous y venions. **21** Après cet exposé que tu présentais avec ton habituelle éloquence, toujours grand certes, plus énergique cependant que jamais aux endroits où tu mets la parole au service de la vérité, tu disais :

« La mort ne vient pas en une fois : il est une dernière mort, celle qui nous emporte. »

Relis-toi plutôt que de lire ma lettre : il t'apparaîtra que cette crise redoutée est notre dernière, non notre seule mort.

22 Je vois où vont tes yeux : tu cherches ce que j'ai mis dans cette lettre, parole généreuse d'un penseur, utile précepte. Le sujet même que nous tenions en main fournira l'envoi. Épicure gourmande également ceux qui souhaitent la mort et ceux qui la redoutent. Il déclare :

« C'est chose ridicule de courir à la mort par dégoût de la vie, alors que c'est ton genre de vie qui t'a obligé de courir à la mort [19]. »

23 Ailleurs encore : « Quoi de plus ridicule que d'aspirer à la mort, alors que tu as détruit le repos de ta vie par la peur de mourir [20] ! » On peut y ajouter encore ceci, du même cru : telle est l'imprévoyance ou plutôt la démence des hommes ; plusieurs, par peur de la mort, sont réduits à mourir [21]. **24** Quelle que soit celle de ces

18. Voir *Ep.*, 26, 4.
19. ÉPICURE, fragm. 496.
20. ÉPICURE, fragm. 498.
21. ÉPICURE, fragm. 497.

confirmabis animum uel ad mortis uel ad uitae patientiam : [at] in utrumque enim monendi ac firmandi
sumus, et ne nimis amemus uitam et ne nimis oderi-
mus. Etiam cum ratio suadet finire se, non temere
nec cum procursu capiendus est impetus. 25 Vir fortis
ac sapiens non fugere debet e uita, sed exire ; et ante
omnia ille quoque uitetur affectus, qui multos occupauit, libido moriendi. Est enim, mi Lucili, ut ad alia,
sic etiam ad moriendum inconsulta animi inclinatio,
quae saepe generosos atque acerrimae indolis uiros
corripit, saepe ignauos iacentesque : illi contemnunt
uitam, hi grauantur. 26 Quosdam subit eadem faciendi
uidendique satietas et uitae non odium sed fastidium,
in quod prolabimur ipsa impellente philosophia, dum
dicimus : « Quousque eadem ? Nempe expergiscar dor-
miam, esuriam <farciar>, algebo aestuabo. Nullius rei
finis est, sed in orbem nexa sunt omnia, fugiunt ac
secuntur. Diem nox premit, dies noctem, aestas in
autumnum desinit, autumno hiemps instat, quae uere
compescitur ; omnia sic transeunt ut reuertantur. Nihil
noui facio, nihil noui uideo : fit aliquando et huius rei
nausia. » Multi sunt, qui non acerbum iudicent uiuere,
sed superuacuum. VALE.

SENECA LUCILIO SVO SALVTEM   25

1 Quod ad duos amicos nostros pertinet, diuersa uia
eundum est : alterius enim uitia emendanda, alterius
frangenda sunt. Vtar libertate tota : non amo illum,
nisi offendo. « Quid ergo ? inquis, quadragenarium

maximes que tu auras méditée, tu donneras à ton âme la force d'endurer ou la mort ou la vie. Car c'est en prévision d'un double excès qu'il convient de nous avertir, de nous affermir : n'aimons pas trop, ne haïssons pas trop la vie. Lors même que la raison nous conseille d'en finir, ne nous précipitons pas à la légère et comme à corps perdu. **25** L'homme de cœur, le sage ne s'enfuit pas de la vie ; il en sort. Surtout évitons jusqu'à cette passion qui s'est emparée de beaucoup : l'envie de mourir.

C'est que, mon cher Lucilius, comme pour d'autres objets, il existe pour la mort même une inclination inconsidérée qui souvent saisit les généreux, ceux du plus fougueux naturel, souvent les lâches, les démoralisés : ceux-là méprisent la vie, à ceux-ci elle pèse. **26** Il en est que gagne la satiété de faire et de voir les mêmes choses : ils n'ont pas la vie en haine, mais en dégoût ; et c'est une pente où nous pousse pour son compte la philosophie, alors que nous disons : « Jusqu'à quand les mêmes choses ? Eh oui ! qu'est-ce qui m'attend ? M'éveiller, dormir, avoir faim, m'emplir, avoir froid, avoir chaud. Rien ne trouve son terme, c'est un enchaînement circulaire des éléments du monde, ils fuient et s'entresuivent. La nuit chasse le jour, et le jour la nuit, l'été se perd dans l'automne, l'automne est serré de près par l'hiver qui s'arrête devant le printemps : tout ne passe que pour revenir. Je ne fais rien de nouveau, je ne vois rien de nouveau. On en a quelquefois jusqu'à la nausée. » Dans la pensée de bien des gens, vivre n'est pas douloureux ; c'est oiseux.

LETTRE 25

1 À l'égard de nos deux amis il faut procéder par voies opposées : avec l'un, c'est une réforme à entreprendre ; avec l'autre, des habitudes vicieuses à briser. J'userai d'une entière franchise : pour le second, je ne l'aime pas, si je crains de le heurter. «Eh quoi ! dis-tu, tenir en tutelle

pupillum cogitas sub tutela tua continere ? Respice
aetatem eius iam duram et intractabilem : non potest
reformari : tenera finguntur. » 2 An profecturus sim
nescio ; malo successum mihi quam fidem deesse. Nec
desperaueris etiam diutinos aegros posse sanari, si contra intemperantiam steteris, si multa inuitos et facere
coegeris et pati. Ne de altero quidem satis fiduciae
habeo, excepto eo, quod adhuc peccare erubescit :
nutriendus est hic pudor, qui quamdiu in animo eius
durauerit, aliquis erit bonae spei locus. 3 Cum hoc uete-
rano parcius agendum puto, ne in desperationem sui
ueniat : nec ullum tempus adgrediendi fuit melius
quam hoc, dum interquiescit, dum emendato similis
est. Aliis haec intermissio eius imposuit, mihi uerba
non dat : expecto cum magno fenore uitia reditura,
quae nunc scio cessare, non deesse. Inpendam huic rei
dies et utrum possit aliquid agi an non possit, expe-
riar. 4 Tu nobis te, ut facis, fortem praesta et sarcinas
contrahe. Nihil ex his, quae habemus, necessarium est:
ad legem naturae reuertamur. Diuitiae paratae sunt ;
aut gratuitum est, quo egemus, aut uile : panem et
aquam natura desiderat. Nemo ad haec pauper est.
intra quae quisquis desiderium suum clusit, cum
ipso Ioue de felicitate contendat, ut ait Epicurus,
cuius aliquam uocem huic epistulae inuoluam. 5 « Sic
fac, inquit, omnia, tamquam spectet Epicurus. »

un pupille quadragénaire : y songes-tu ? Considère l'âge, cette sensibilité déjà durcie et peu maniable. Une transformation est impossible ; on ne façonne qu'une matière tendre. » **2** Je ne sais si j'arriverai à quelque chose, mais j'aime mieux manquer mon but que manquer à l'amitié. Au reste, ne désespérons pas de guérir les affections même chroniques, pourvu que nous tenions ferme contre tout écart de régime et que nous amenions le mal à faire et à endurer bien des choses, quoi qu'il en ait. Quant à l'autre, il ne me donne pas non plus grande confiance, sauf sur un point : il rougit encore de faire mal. Entretenons cette pudeur : tant qu'il la gardera dans l'âme, nous aurons toujours lieu d'espérer. **3** Avec notre vieux pécheur, il faut, à mon sens, plus de ménagements, pour qu'il ne désespère pas de lui-même. Et il n'y avait pas de meilleure occasion pour l'entreprendre que cet intervalle de calme où l'on croirait la réforme faite. Ce relâche en a imposé à d'autres ; moi, je n'en suis pas dupe. Je m'attends au retour de ses faiblesses, et ce sera une belle rentrée ! Elles chôment pour le moment, j'en suis sûr, et sont toujours là. Je consacrerai des journées à son cas, j'éprouverai si l'on peut, oui ou non, faire quelque chose.

4 Pour toi, continue à nous fournir la preuve de ton énergie, et réduis tes bagages. Rien de ce qui compose notre avoir n'est indispensable. Rentrons sous la loi de la nature : la richesse est sous notre main. La satisfaction de nos essentiels besoins est pour rien ou à bon marché. Du pain, de l'eau, voilà ce que la nature demande. Pour ces choses personne n'est pauvre, et quiconque y arrête son désir peut prétendre le disputer à Jupiter lui-même en félicité, comme parle Épicure, dont j'insérerai dans ma lettre une maxime :

5 « Agis en tout comme si Épicure regardait [22]. »

---

22. ÉPICURE, fragm. 211.

Prodest sine dubio custodem sibi imposuisse et
habere quem respicias, quem interesse cogitationibus
tuis iudices. Hoc quidem longe magnificentius est,
sic uiuere tamquam sub alicuius boni uiri ac semper
praesentis oculis ; sed ego etiam hoc contentus sum, ut
sic facias, quaecumque facies, tamquam spectet aliquis:
omnia nobis mala solitudo persuadet. 6 Cum iam pro-
feceris tantum, ut sit tibi etiam tui reuerentia, licebit
dimittas paedagogum : interim aliquorum te auctori-
tate custodi, aut Cato ille sit aut Scipio aut Laelius
aut ali*us*, cuius interuentu perditi quoque homines
uitia supprimerent, dum te efficis eum, cum quo peccare non audeas. Cum hoc effeceris, et aliqua coeperit
apud te tui esse dignatio, incipiam tibi permittere
quod idem suadet Epicurus :« Tunc praecipue in te ipse
secede, cum esse cogeris in turba. » 7 Dissimilem te
fieri multis oportet, dum tibi tutum [non] sit ad te re-
cedere. Circumspice singulos : nemo est, cui non satius
sit cum quolibet esse quam secum. « Tunc praecipue
in te ipse secede, cum esse cogeris in turba » : si bonus
uir <es>, si quietus, si temperans. Alioquin in turbam tibi a te recedendum est : istic malo uiro propius
es. VALE.

N'en doutons pas, il est utile de s'être imposé un sur-
veillant, d'avoir quelqu'un vers qui on tourne la vue, que
l'on juge témoin de ses pensées. Il y a certes beaucoup
plus de grandeur à vivre comme sous les yeux, en la
continuelle présence de quelque homme vertueux ; pour
moi, je me contente même que tu fasses tout ce que tu
feras comme si tu étais regardé de quelqu'un. La solitude
ne nous inspire que le mal. 6 Quand déjà tu auras assez
profité pour porter révérence même à ta propre personne,
libre à toi de congédier le gouverneur. En attendant,
place-toi sous la surveillance de certaines autorités, soit le
grand Caton, soit Scipion, soit Lélius , soit quelqu'autre
<de cette qualité>, qui, en intervenant, obligerait les pires
à étouffer leurs vices ; cependant que tu tâches à faire de
toi un homme dans la société de qui tu n'oserais faillir.
Quand la chose sera faite, quand, à un certain degré,
l'estime de toi-même aura commencé d'exister en toi, je
commencerai à te permettre cette attitude que conseille
encore Épicure :
    « Le moment entre tous de faire retraite en toi-même,
c'est quand tu es contraint d'être dans la foule [23]. »
    7 Il convient que tu ne ressembles pas à la multitude,
pourvu que tu puisses te retirer en toi sans risque.
Examine-les, l'un après l'autre : il n'y en a pas un qui
ne serait mieux avec qui que ce soit qu'avec soi. « Le
moment entre tous de faire retraite en toi-même, c'est
quand tu es contraint d'être dans la foule. » Oui, si tu
es homme de bien, si tu as le repos, si tu modères tes
désirs. Autrement, tu dois te retirer dans la foule, hors de
toi-même : dans ta position présente, tu es plus près d'un
méchant.

---

23. ÉPICURE, fragm. 209.

SENECA LVCILIO SVO SALVTEM   26

1 Modo dicebam tibi, in conspectu esse me senec-
tutis : iam uereor, ne senectutem post me reliquerim.
Aliud iam his annis, certe huic corpori uocabulum
conuenit, quoniam quidem senectus lassae aetatis,
non fractae nomen est : inter decrepitos me numera
et extrema tangentis. 2 Gratias tamen mihi apud te
ago : non sentio in animo aetatis iniuriam, cum
sentiam in corpore. Tantum uitia et uitiorum minis-
teria senuerunt. Viget animus et gaudet non multum
sibi esse cum corpore : magnam partem oneris sui
posuit. Exultat et mihi facit controuersiam de senectute : hunc ait esse florem suum. Credamus illi : bono
suo utatur. 3 Ire in cogitationem iubet et dispicere,
quid ex hac tranquillitate ac modestia morum sapientiae debeam, quid aetati, et diligenter excutere, quae
non possim facere, quae nolim, proinde habiturus atque si nolim quicquid non posse me gaudeo. Quae
enim querela est, quod incommodum, si quicquid debebat desinere defecit ? 4 « Incommodum summum est,
inquis, minui et deperire et, ut proprie dicam, liques-
cere. Non enim subito inpulsi ac prostrati sumus : car-
pimur, singuli dies aliquid subtrahunt uiribus. » Ecquis
exitus est melior quam in finem suum natura soluente
dilabi ? Non quia aliquid mali *sit* ictus et e uita repen-
tinus excessus, sed quia lenis haec est uia, subduci.

LETTRE 26

1 Je te disais naguère [24] que j'étais en vue de
la vieillesse ; j'ai maintenant peur d'avoir laissé la
vieillesse derrière moi. Ce n'est déjà plus le terme qui
convient à mon âge, du moins à mon être physique,
puisque, à vrai dire, le mot vieillesse désigne une phase
de ralentissement, non d'épuisement. Compte-moi donc
parmi les décrépits, touchant à leur terme. **2** Je me rends
grâces pourtant auprès de toi : je ne sens pas en mon âme
l'injure des ans, quoique mon corps la sente ; il n'y a que
mes vices et ce qui servait mes vices qui aient vieilli.
L'âme est en sa verdeur et s'éjouit de n'avoir pas avec le
corps grand commerce. Elle a déposé une bonne part de
son faix. Tout allègre, elle débat avec moi la question de
la vieillesse ; elle déclare que c'est son moment floral. Il
faut l'en croire et la laisser jouir du bien qui est le sien.
3 Elle m'invite à méditer, à distinguer, dans cet état
de paix, dans cette modestie des mœurs, ce que je dois à
la sagesse, ce que je dois à l'âge, à trier minutieusement
ce que je ne peux pas et ce que je ne veux pas faire, mais
pour regarder comme équivalant à ne vouloir pas, le fait
de ne pouvoir plus, Dieu merci ! tant de choses ; car y
a-t-il motif de plainte, dommage subi, si ce qui devait
finir est épuisé ? **4** « Le pire des dommages, dis-tu,
c'est de diminuer, de s'en aller, c'est, pour employer le
vrai mot, de se fondre. Nous ne succombons pas à un
coup subit : nous sommes grignotés ; chaque jour nous
soustrait quelque chose de nos forces. » Est-il meilleure
façon de finir que de s'écouler par dissolution naturelle
vers son terme marqué ? Non qu'il y ait rien d'un mal à
sortir d'un coup et soudainement de la vie, mais c'est une
allure commode d'en être retiré par étapes.

---

24. Voir *Ep.*, 12, 1.

Ego certe, uelut adpropinquet experimentum et ille
laturus sententiam de omnibus annis meis dies uenerit, ita me obseruo et alloquor : 5 « Nihil est, inquam,
adhuc, quod aut rebus aut uerbis exhibuimus. Leuia
sunt ista et fallacia pignora animi multisque inuoluta
lenociniis : quid profecerim, morti crediturus sum.
Non timide itaque componor ad illum diem, quo remo-
tis strophis ac fucis de me iudicaturus sum, utrum
loquar fortia an sentiam, numquid simulatio fuerit et
mimus, quicquid contra fortunam iactaui uerborum
contumacium. 6 Remoue existimationem hominum :
dubia semper est et in partem utramque diuiditur.
Remoue studia tota uita tractata : mors de te pro-
nuntiatura est. Ita dico : disputationes et litterata
conloquia et ex praeceptis sapientium uerba collecta
et eruditus sermo non ostendunt ucrum robur animi :
est enim oratio etiam timidissimis audax. Quid egeris,
tunc apparebit, cum animam ages. Accipio condi-
cionem, non reformido iudicium. » 7 Haec mecum
loquor, sed tecum quoque me locutum puta. Iuuenior
es : quid refert ? non dinumerantur anni. Incertum
est, quo loco te mors expectet : itaque tu illam omni
loco exspecta.

8 Desinere iam uolebam et manus spectabat ad
clausulam : sed conficienda sunt aera et huic epistulae
uiaticum dandum est. Puta me non dicere, unde sump-
turus sim mutuum : scis cuius arca utar. Exspecta
me pusillum, et de domo fiet numeratio ; interim com-
modabit Epicurus, qui ait : « Meditare mortem » uel,
si commodius sic transire ad nos hic potest sensus,

Pour moi, comme si l'épreuve approchait et que le jour, qui doit porter sentence sur toutes mes années, fût venu, je m'examine et m'interpelle de la sorte : **5** « Jusqu'ici, tout ce que nous avons traduit en actes ou en mots est sans valeur : gages de l'âme légers, trompeurs et enveloppés d'enjolivements multiples. Sur le progrès moral que j'aurai pu faire, j'en croirai la mort. Je me prépare donc sans défaillance à ce jour où, subterfuges et faux-semblants rejetés, je me ferai juge de moi-même et connaîtrai si j'ai la vertu sur les lèvres ou dans le cœur, s'il n'y a eu que feinte et comédie dans ces paroles de révolte que j'ai lancées contre la fortune. **6** Rejette l'opinion des hommes, toujours incertaine et partagée entre le pour et le contre ; rejette ces travaux poursuivis durant toute une existence. La mort va prononcer sur toi. Je le répète : les disputes philosophiques, les conversations érudites, les collections de mots tirés des maximes des sages, un docte langage ne démontrent pas la force de l'âme : les plus lâches savent parler en héros. Si tu as ou non perdu ta peine, on le verra quand tu perdras la vie. J'accepte la condition, je ne redoute pas le jugement. » **7** Ce que-je me dis, prends-le comme si je le disais à toi-même. Tu es plus jeune. Qu'importe ? La mort ne compte pas les années. Tu ne sais où elle t'attend : attends-la donc en tout lieu.

8 Je voulais finir et ma main se préparait au point final ; mais il faut payer le tribut et verser quelque chose pour que cette lettre puisse faire sa route. Suppose que je ne dise pas où j'ai l'intention d'emprunter : tu sais bien à quelle caisse je puise. Attends-moi un petit bout de temps, et le paiement se fera sur mes fonds. Dans l'intervalle, Épicure prêtera. Il déclare :

« Exerce-toi à mourir [25] »

ou, si la pensée est de la sorte plus facile à transplanter chez nous :

25. Épicure, fragm. 205.

9 « Egregia res est mortem condiscere ». Superuacuum forsitan putas id discere, quo semel utendum
est : hoc est ipsum, quare meditari debeamus ; semper
discendum est, quod an sciamus, experiri non possumus. **10** « Meditare mortem » : qui hoc dicit, meditari
libertatem iubet. Qui mori didicit, seruire *de*didicit :
supra omnem potentiam est, certe extra omnem. Quid
ad illum carcer et custodia et claustra ? Liberum
ostium habet. Vna est catena, quae nos alligatos tenet,
amor uitae, qui ut non est abiciendus, ita minuendus
est ut, si quando res exiget, nihil nos detineat nec
inpediat quo minus parati simus, quod quandoque
faciendum est, statim facere. VALE.

SENECA LVCILIO SVO SALVTEM   27

1 « Tu me, inquis, mones ? Iam enim te ipse mo-
nuisti, iam correxisti ? Ideo aliorum emendationi
uacas ? » Non sum tam inprobus, ut curationes aeger
obeam, sed tamquam in eodem ualitudinario iaceam,
de communi tecum malo conloquor et remedia com-
munico. Sic itaque me audi, tamquam mecum loquar :
in secretum te meum admitto et te adhibito mecum
exigo. **2** Clamo mihi ipse : « Numera annos tuos, et
pudebit eadem uelle, quae uolueras puer, eadem pa-
rare. Hoc denique tibi circa mortis diem praesta :
moriantur ante te uitia. Dimitte istas uoluptates tur-
bidas, magno luendas : non uenturae tantum, sed
praeteritae nocent. Quemadmodum scelera etiam si
non sunt deprehensa cum fierent, sollicitudo non cum

9 « Il est beau d'apprendre à mourir ».

Tu juges superflu peut-être d'apprendre ce qui n'est applicable qu'une fois. Mais c'est précisément pour cela que s'exercer est nécessaire : il faut étudier sans cesse ce que, faute d'expérience, on n'est pas certain de bien savoir. **10** « Exerce-toi à mourir. » C'est me dire : exerce-toi à être libre. Qui sait mourir ne sait plus être esclave : il s'établit au-dessus, du moins en dehors de tout despotisme. Que lui font le cachot, les gardes, les verrous ? Il a toujours porte libre. Une seule chaîne, nous tient à l'attache : l'amour de la vie. Sans rejeter bien loin cette passion, il convient de tellement la réduire que, si la circonstance un jour l'exige, rien ne nous retienne, rien ne nous empêche d' être prêts à faire sur l'heure ce que tôt ou tard il faudra faire.

LETTRE 27

Je t'entends dire : « C'est toi qui me fais la leçon ; déjà, n'est-ce pas ? tu te l'es faite à toi-même, tu t'es corrigé Et cela te laisse du temps pour réformer les autres. » Je n'aurais pas l'audace, moi, un malade, d'entreprendre des cures. Couché dans la même infirmerie, je cause avec toi du mal qui nous est commun et je te passe mes recettes. Écoute-moi donc comme si je me parlais à moi-même ; je t'ouvre ma vie secrète, et je t'appelle en tiers aux moments où je compte avec moi-même.

2 C'est moi qui me crie : « Calcule tes années : tu rougiras de vouloir les mêmes choses que tu voulais dans l'enfance, de viser aux mêmes satisfactions. Voici l'instant, aux approches du jour de la mort, de prendre envers toi-même cet engagement : que tes vices meurent avant toi. Donne congé à ces plaisirs tumultueux dont la rançon est toujours coûteuse. Avant leur venue, une fois passée, ils font du mal. L'inquiétude du crime, encore qu'on n'en ait pas surpris l'exécution, ne disparaît pas

ipsis abît : ita improbarum uoluptatum etiam post
ipsas paenitentia est. Non sunt solidae, non sunt fide-
les : etiam si non nocent, fugiunt. 3 Aliquod potius bonum mansurum circumspice : nullum autem est, nisi
quod animus ex se sibi inuenit. Sola uirtus praestat
gaudium perpetuum, securum : etiam si quid obstat,
nubium modo interuenit, quae infra feruntur nec umquam diem uincunt. » 4 Quando ad hoc gaudium
peruenire continget ? Non quidem cessatur adhuc, sed
festinetur. Multum restat operis, in quod ipse necesse
est uigiliam, ipse laborem tuum inpendas, si effici
cupis : delegationem res ista non recipit. 5 Aliud litte-
rarum genus adiutorium admittit. Caluisius Sabinus
memoria nostra fuit diues : et patrimonium habebat
libertini et ingenium : numquam uidi hominem beatum indecentius. Huic memoria tam mala erat, ut illi
nomen modo Vlixis excideret, modo Achillis, modo
Priami, quos tam bene [nouerat] quam paedogogos nostros nouimus. Nemo uetulus nomenclator, qui nomina
non reddit, sed imponit, tam perperam tribus quam
ille Troianos et Achiuos persalutabat : nihilominus
eruditus uolebat uideri. 6 Hanc itaque compendiariam
excogitauit : magna summa emit seruos, unum, qui
Homerum teneret, alterum, qui Hesiodum ; nouem
praeterea lyricis singulos adsignauit. Magno emisse illum non est quod mireris : non inuenerat, faciendos
locauit. Postquam haec familia illi comparata est,
coepit conuiuas suos inquietare. Habebat ad pedes

---

26. Personnage qui n'a laissé aucune trace. Riche, mais inculte, il
ressemble à Trimalcion, le héros du *Satiricon* de Pétrone.

avec le crime même ; ainsi, les plaisirs déréglés laissent derrière eux un repentir. Ils ne sont ni solides ni fidèles ; même s'ils ne font pas de mal, ils nous laissent. **3** Cherche plutôt autour de toi un bien qui soit de durée ; or, il n'y en a point, sauf celui que l'âme tire d'elle-même. La vertu seule garantit une joie constante et sûre. Si quelque obstacle survient, il en est comme des nuages qui glissent au bas du ciel sans jamais éclipser le jour. »

4 Quand parviendras-tu à cet état de joie ? À vrai dire, on ne muse pas, mais il faut presser l'allure. Beaucoup reste à faire d'un ouvrage auquel tu es obligé de consacrer personnellement tes veilles, personnellement ton travail, si tu veux un résultat. On n'agit pas en cette affaire par procureur. **5** Un autre genre d'étude admet l'aide d'autrui.

Calvisius Sabinus [26] a vécu de mon temps ; c'était un riche ; avec l'opulence d'un affranchi, il en avait le caractère. Jamais je n'ai vu la richesse plus indécemment portée. Sa mémoire était si mauvaise que tantôt le nom d'Ulysse lui échappait, tantôt celui d'Achille, tantôt celui de Priam ; et pourtant ce sont des personnages que l'on connaît de près, comme le visage de son pédagogue. Nul nomenclateur vieilli, donnant un nom quelconque au lieu de souffler le nom vrai, n'a embrouillé les tribus autant que Sabinus saluant au passage Troyens et Achéens. Il n'en tenait pas moins à faire figure d'érudit. **6** Voici donc l'expédient qu'il imagina. Il fit à prix d'or emplette d'esclaves. Celui-ci devait savoir Homère par cœur ; celui-là, Hésiode ; la littérature lyrique fut partagée entre neuf autres [27]. Qu'ils lui aient coûté de l'or, cela se comprend : il ne les avait pas trouvés tout faits ; il en fit la commande. Le personnel dressé, il se mit à tourmenter ses convives. Aux esclaves postés à ses pieds,

---

27. Les neuf poètes lyriques retenus par la tradition : Alcman, Alcée, Stésichore, Anacréon, Sapho, Simonide de Céos, Ibycus, Bacchylide et Pindare.

hos, a quibus subinde cum peteret uersus, quos refer-
ret, saepe in medio uerbo excidebat. 7 Suasit illi
Satellius Quadratus, stultorum diuitum arrosor, et
quod sequitur, arrisor, et quod duobus his adiunctum
est, derisor, ut grammaticos haberet analectas. Cum
dixisset Sabinus centenis millibus sibi constare singulos seruos : « Minoris, inquit, totidem scrinia
emisses ». Ille tamen in ea opinione erat, ut putaret se
scire, quod quisquam in domo sua sciret. 8 Idem
Satellius illum hortari coepit, ut luctaretur, hominem
aegrum, pallidum, gracilem. Cum Sabinus respon-
disset : « Et quomodo possum ? Vix uiuo », « Noli, obse-
cro te, inquit, istuc dicere : non uides, quam multos
seruos ualentissimos habeas ? » Bona mens nec commodatur nec emitur ; et, puto, si uenalis esset, non
haberet emptorem : at mala cotidie emitur.

9 Sed accipe iam quod debeo et uale. « Diuitiae sunt
ad legem naturae composita paupertas. » Hoc saepe
dicit Epicurus aliter atque aliter : sed numquam nimis
dicitur, quod numquam satis discitur. Quibusdam
remedia monstranda, quibusdam inculcanda sunt.
VALE.

Seneca Lucilio svo salvtem   28

1 Hoc tibi soli putas accidisse et admiraris quasi
rem nouam, quod peregrinatione tam longa et tot
locorum uarietatibus non discussisti tristitiam graui-
tatemque mentis ? Animum debes mutare, non caelum.
Licet uastum traieceris mare, licet, ut ait Vergilius

il demandait des vers par-ci par-là pour répéter la citation, mais souvent restait court au milieu d'un mot. **7** Satellius Quadratus, rongeur d'imbéciles rentés, conséquemment rieur à leur service et, pour brocher sur le tout, rieur à leurs dépens, lui conseilla de recruter des philologues ramasse-miettes. L'autre dit que chacun de ses gens lui coûtait cent mille sesterces. « Tu aurais eu à meilleur compte, répartit Satellius, autant d'étuis à manuscrits. » Notre homme cependant s'obstinait à penser qu'il en savait autant que personne dans sa maison. **8** Ce même Satellius le poussait à pratiquer la lutte, lui maladif, pâle, efflanqué. « Mais le moyen ? » répondait Sabinus. « J'ai à peine le souffle. » – « Je t'en conjure, ne parle pas de la sorte. Tu as tant d'esclaves, et si forts ! » L'esprit de sagesse ne se prête ni ne s'achète ; du reste, à mon estime, s'il était à vendre, il ne trouverait pas acheteur. La folie, elle, est d'achat courant. **9** Maintenant, reçois ce que je te dois, et adieu !

« C'est une richesse que la pauvreté réglée sur la loi de nature [28]. »

Épicure le dit souvent sous une forme ou sous une autre ; mais on ne peut trop redire ce dont on ne peut assez s'instruire. Aux uns il ne faut que présenter le remède ; à d'autres il faut l'emboquer.

LETTRE 28

1 Tu crois qu'il n'est arrivé qu'à toi, et tu t'étonnes comme d'une chose étrange, d'avoir fait un si long voyage et tant varié les itinéraires sans dissiper la lourde tristesse de ton cœur ? C'est d'âme qu'il te faut changer, non de climat. Tu as eu beau franchir la vaste mer ; « rivages et cités ont beau, selon l'expression de notre Virgile, reculer

---

28. ÉPICURE, fragm. 477.

noster, « terraeque urbesque recedant » : sequentur te,
quocumque perueneris, uitia. 2 Hoc et idem querenti
cuidam Socrates ait : « Quid miraris nihil tibi peregri-
nationes prodesse, cum te circum feras ? Premit te
eadem causa, quae expulit. » Quid terrarum iuuare
nouitas potest ? Quid cognitio urbium aut locorum ?
In irritum cedit ista iactatio. Quaeris quare te fuga
ista non adiuuet ? Tecum fugis. Onus animi deponen-
dum est : non ante tibi ullus placebit locus. 3 Talem
nunc esse habitum tuum cogita, qualem Vergilius noster uatis inducit iam concitatae et instigatae mul-
tumque habentis in se spiritus non sui :

  Bacchatur uates, magnum si pectore possit
  Excussisse deum.

Vadis huc illuc, ut excutias insidens pondus, quod
ipsa iactatione incommodius fit, sicut in naui onera
inmota minus urguent, inaequaliter conuoluta citius
eam partem, in quam incubuere, demergunt. Quicquid facis, contra te facis et motu ipso noces tibi :
aegrum enim concutis. 4 At cum istuc exemeris
malum, omnis mutatio loci iucunda fiet : in ultimas
expellaris terras licebit, in quolibet barbariae angulo
colloceris, hospitalis tibi illa qualiscumque sedes erit.
Magis quis ueneris quam quo, interest, et ideo
nulli loco addicere debemus animum. Cum hac per-
suasione uiuendum est : « Non sum uni angulo natus,
patria mea totus hic mundus est. » 5 Quod si liqueret

sous ton regard [29] », tu seras, où que tu abordes, suivi de tes vices. **2** À quelqu'un qui formulait la même plainte Socrate répliqua : « Pourquoi es-tu surpris de ne profiter en rien de tes longues courses ? C'est toi que tu emportes partout. Elle pèse sur toi, cette même cause qui t'a chassé au loin. » Quel réconfort attendre de la nouveauté des sites, de la connaissance des villes ou des endroits ? Cela ne mène à rien de ballotter ainsi. Tu demandes pourquoi tu ne sens pas dans ta fuite un soulagement ? Tu fuis avec toi [30]. Il te faut déposer ce qui fait poids sur ton âme : aucun lieu jusque-là ne te donnera du plaisir. **3** Ton état, songes-y bien, est celui de la Sibylle que notre Virgile présente déjà émue et sous l'aiguillon, pleine d'une inspiration qui ne vient pas d'elle. « La prêtresse s'agite, et cherche à secouer de sa poitrine le dieu tout-puissant [31]. » Tu cours çà et là pour rejeter le poids posé sur toi et rendu, par le ballottement même, plus incommode : pareillement, sur le navire, la cargaison, en équilibre stable, exerce une moindre pression ; roulant pêle-mêle dans la cale, elle noie plus vite le flanc où elle porte. Tout ce que tu fais, c'est contre toi que tu le fais ; et le mouvement même t'est contraire : tu remues un malade.

4 Mais aussi, quand tu te seras délivré du mal, tout déplacement ne te sera plus qu'agréable. On aura beau te reléguer aux extrémités de la terre : quel que soit le recoin du monde barbare où l'on t'aura logé, tu trouveras à ta résidence, dans tous les cas, un air hospitalier. L'important n'est pas de savoir où, mais dans quel esprit tu arrives ; et voilà pourquoi nous ne devons à aucun lieu assujettir notre âme. Dirigeons notre vie suivant cette conviction : « Ma naissance ne m'attache pas à un unique recoin. L'univers entier est ma patrie. » **5** Si c'était

29. VIRGILE, *Énéide*, III, 72.

30. *De tranquillitate animi*, III, 14 : « Comme le dit Lucrèce : "De cette façon, chacun passe son temps à se fuir." Mais quelle en est l'utilité [des voyages], si on n'échappe pas à soi-même ? »

31. VIRGILE, *Énéide*, VI, 78.

tibi, non admirareris nihil adiuuari te regionum uarietatibus, in quas subinde priorum taedio migras : prima
enim quaeque placuisset, si omnem tuam crederes.
Nunc non peregrinaris, sed erras et ageris ac locum
ex loco mutas, cum illud, quod quaeris, bene uiuere,
omni loco positum sit. 6 Num quid tam turbidum fieri
potest quam forum ? Ibi quoque licet quiete uiuere,
si necesse sit. Sed si liceat disponere se, conspectum
quoque et uiciniam fori procul fugiam : nam ut loca
grauia etiam firmissimam ualetudinem temptant, ita
bonae quoque menti necdum adhuc perfectae et con-
ualescenti sunt aliqua parum salubria. 7 Dissentio ab
his, qui in fluctus medios eunt et tumultuosam pro-
bantes uitam cotidie cum difficultatibus rerum magno
animo conluctantur. Sapiens feret ista, non eliget, et
malet in pace esse quam in pugna : non multum prodest uitia sua proiecisse, si cum alienis rixandum est.
8 « Triginta, inquis, tyranni Socraten circumsteterunt
nec potuerunt animum eius infringere. » Quid interest,
quot domini sint ? Seruitus una est : hanc qui contempsit, in quantalibet turba dominantium liber est.

9 Tempus est desinere, sed si prius portorium solue-
ro. « Initium est salutis notitia peccati. » Egregie mihi

là pour toi une vérité manifeste, tu ne t'étonnerais pas de ne rien trouver qui te soulage dans ces déplacements variés, dans ces transmigrations où l'ennui des contrées précédemment vues t'entraîne coup sur coup. Tous les pays successivement auraient eu pour toi du charme, si tu regardais chacun d'eux comme ton pays. En fait, tu ne voyages pas, tu vagabondes, au gré du caprice qui te pousse et tu changes de lieu pour quelque autre lieu, alors que l'objet dont tu es en quête, l'art de bien vivre, a son lieu partout.

6 Peut-il y avoir plus bruyant pêle-mêle qu'au forum ? Même dans cet endroit on pourrait vivre en paix, s'il le fallait absolument. Toutefois, si l'on pouvait disposer de sa personne, je fuirais bien loin même la vue et le voisinage du forum. Comme les lieux malsains s'attaquent à la santé la plus solide, ainsi pour la sagesse même, imparfaite encore et sujette à des rechutes, il existe de nuisibles influences. **7** Je ne suis pas avec ceux qui se précipitent en plein flot et qui, trouvant du prix à une vie tourmentée, prennent bravement chaque jour les difficultés d'ordre pratique au collet. Le sage supportera ce mode d'existence ; il ne le choisira pas ; il préférera l'état de paix à l'état de lutte. Le profit n'est pas grand d'avoir mis ses vices en débandade, s'il faut batailler avec ceux d'autrui. **8** « Trente tyrans [32] dis-tu, se sont dressés autour de Socrate, et ils n'ont pu briser son âme. » Qu'importe le nombre des maîtres ? Il n'est qu'une servitude. Qui l'a méprisée, parmi tous les prétendus maîtres qu'on voudra demeure libre.

9 Il est temps de finir, non sans que j'aie préalablement acquitté les droits de sortie.

« La connaissance de la faute est le commencement du salut[33]. »

---

32. Les Trente tyrans firent régner la terreur à Athènes durant quelques mois en 404 – 403. Socrate leur a souvent tenu tête (cf. PLATON, *Apologie de Socrate*, 32 c-d).

33. ÉPICURE, fragm. 522.

hoc dixisse uidetur Epicurus : nam qui peccare se nes-
cit, corrigi non uult ; deprehendas te oportet, antequam emendes. 10 Quidam uitiis gloriantur : tu existimas aliquid de remedio cogitare, qui mala sua
uirtutum loco numerant ? Ideo quantum potes, te ipse
coargue, inquire in te ; accusatoris primum partibus
fungere, deinde iudicis, nouissime deprecatoris. Aliquando te offende. Vale.

Seneca Lvcilio svo salvtem   29

1 De Marcellino nostro quaeris et uis scire, quid
agat. Raro ad nos uenit, non ulla alia ex causa quam
quod audire uerum timet, a quo periculo iam abest :
nulli enim nisi audituro dicendum est. Ideo de Dio-
gene nec minus de aliis Cynicis, qui libertate promis-
cua usi sunt et obuios <quosque> monuerunt, dubi-
tari solet, an hoc facere debuerint. 2 Quid enim, si quis
surdos obiurget aut natura morboue mutos ? « Quare,
inquis, uerbis parcam ? Gratuita sunt. Non possum
scire, an ei profuturus sim, quem admoneo : illud scio,
alicui me profuturum, si multos admonuero. Spargenda
manus est. Non potest fieri, ut non aliquando succe-
dat multa temptanti. » 3 Hoc, mi Lucili, non existimo
magno uiro faciendum : diluitur eius auctoritas nec

Ceci, qui est d'Épicure, me paraît excellemment dit. Quiconque ignore qu'il fait mal n'a pas la volonté de se corriger. Il faut se surprendre en faute pour commencer à s'amender. **10** Certains tirent gloire de leurs vices : crois-tu, toi, qu'on a le moindre souci du remède, quand on compte ses tares pour des vertus ? Prends-toi donc sur le fait, autant que tu le pourras ; informe contre toi-même. Sois d'abord ton accusateur; puis ton juge ; ne te fais ton avocat qu'en dernier lieu. À l'occasion sache te désobliger.

Lettre 29

1 Tu t'enquiers de notre ami Marcellinus et tu veux savoir ce qu'il fait. Il vient nous voir rarement. Pour quelle raison ? C'est qu'il appréhende d'entendre la vérité. De ce côté-là, pour l'instant, il n'a rien à craindre. La vérité ne doit se dire qu'à celui qui veut l'entendre. C'est pour cela qu'à propos de Diogène [34] et, plus généralement, des Cyniques, qui usaient indistinctement de leur franc-parler et faisaient la leçon à tous venants, on en est souvent à se demander s'ils devaient procéder ainsi. Le bel effet, si vous vous mêlez d'admonester les sourds, les muets de naissance ou par accident ?

2 « Pourquoi, dis-tu, serais-je avare de mes paroles ? Elles ne coûtent rien. Je ne puis savoir si je rendrai service à l'individu à qui je fais la leçon ; mais je rendrai sûrement service à quelqu'un, si je fais la leçon à beaucoup. Élargissons le geste secourable. Il est impossible qu'on ne réussisse une fois ou l'autre, quand on multiplie les essais. » **3** C'est là, mon cher Lucilius, une méthode que je ne conseille pas à l'homme supérieur. Son autorité

---

34. Diogène de Sinope (413 – v 323), dit le Cynique, est la figure centrale de l'école Cynique fondée à la fin du Vᵉ av. J.-C. par Antisthène. « Un Socrate devenu fou », aurait dit de lui Platon.

apud eos habet satis ponderis, quos posset minús obso-
lefacta corrigere. Sagittarius non aliquando ferire debet, sed aliquando deerrare ; non est ars, quae ad effec-
tum casu uenit. Sapientia ars est : certum petat, eligat
profecturos, ab is, quos desperauit, recedat, non tamen
cito relinquat et in ipsa desperatione extrema remedia
temptet. 4 Marcellinum nostrum ego nondum des-
pero : etiamnunc seruari potest, sed si cito illi manus
porrigitur. Est quidem periculum, ne porrigentem trahat : magna in illo ingeni uis est, sed iam tendentis in
prauum. Nihilominus adibo hoc periculum et audebo
illi mala sua ostendere. 5 Faciet quod solet : aduocabit
illas facetias, quae risum euocare lugentibus possunt,
et in se primum, deinde in nos iocabitur : omnia, quae
dicturus sum, occupabit. Scrutabitur scholas nostras
et obiciet philosophis congiaria, amicas, gulam. 6 Ostendet mihi alium in adulterio, alium in popina, alium
in aula ; ostendet mihi lepidum philosophum Aristo-
nem, qui in gestatione disserebat : hoc enim ad edendas
operas tempus *exceperat*. De cuius secta cum quaereretur, Scaurus ait : « Vtique Peripateticus non est. »
De eodem cum consuleretur Iulius Graecinus, uir egregius, quid sentiret : « Non possum, inquit, tibi dicere ;
nescio enim, quid de gradu faciat », tamquam de esse-

---

35. L'archer visant sa cible est un exemple stoïcien récurrent. Voir,
par exemple, *Ep.*, 89, 8, et aussi CICÉRON, *De finibus*, III, 6, 22.
   36. Personnage dont on ne sait rien.

s'effrite ; elle perd de son poids, alors que, moins
galvaudée, elle redresserait des âmes. Pour l'archer [35], la
loi du jeu n'est pas de toucher le but de temps à autre ;
c'est seulement de temps à autre qu'on lui permet de le
manquer. Il n'y a point d'art, là où l'on n'arrive aux effets
que par accident. La sagesse est un art : elle doit donc
viser un but précis, choisir des sujets perfectibles, laisser
ceux dont le cas lui est apparu comme désespéré, sans
toutefois les abandonner trop vite, sans négliger, alors
même qu'elle désespère, les remèdes suprêmes.

4 De notre Marcellinus je ne désespère pas encore :
on peut le sauver, à condition de lui tendre bien vite la
main. On risque, j'en conviens, si on la lui tend, de se voir
entraîné ; c'est un esprit d'une remarquable vigueur, mais
qui est déjà sur la pente du mal. N'importe ! J'affronterai
le risque, bien résolu à lui découvrir ses maux.

5 Il fera comme toujours : il se retranchera sur ses
plaisanteries fameuses, capables d'arracher le rire à des
gens dans le deuil ; il se moquera de lui d'abord, et puis de
nous . Tous mes arguments, il les préviendra. Il fouillera
dans nos écoles, et mettra les philosophes en face <de
leurs faiblesses> : libéralités acceptées, maîtresses,
plaisirs de la table. 6 Il me montrera l'un en commerce
adultère, l'autre à la taverne, un autre à la cour. Il me
montrera l'aimable philosophe Ariston [36], qui professait
la philosophie porté en litière : il avait réservé les heures
de sieste pour s'acquitter de son métier. Quelqu'un
voulait savoir de quelle secte il était. « Dans tous les
cas, s'écria Scaurus [37], il n'est pas péripatéticien. » On
demandait à Julius Graecinus [38], esprit bien distingué,
son sentiment sur ce même philosophe. Il répondit :
« Vous m'embarrassez beaucoup, car j'ignore ce qu'il
est capable de faire à pied », comme s'il eût été question

37. Avocat qui se donna la mort en 34 ap. J.-C. pour échapper à une
condamnation infamante.
38. Sénateur, fils d'un procurateur de César.

dario interrogaretur. 7 Hos mihi circulatores, qui philosophiam honestius neglexissent quam uendunt, in faciem ingeret. Constitui tamen contumelias perpeti : moueat ille mihi risum, ego fortasse illi lacrimas mouebo, aut si ridere perseuerabit, gaudebo tamquam in malis, quod illi genus insaniae *hilare* contigerit. Sed non est ista hilaritas longa : obserua, uidebis eosdem intra exiguum tempus acerrime ridere et acerrime rabere. 8 Propositum est adgredi illum et ostendere, quanto pluris fuerit, quom multis minoris uideretur. Vitia eius etiam si non excidero, inhibebo ; non desinent, sed intermittent : fortasse autem et desinent, si intermittendi consuetudinem fecerint. Non est hoc ipsum fastidiendum, quoniam quidem grauiter affectis sanitatis est loco bona remissio. 9 Dum me illi paro, tu interim, qui potes, qui intellegis, unde quo euaseris, et ex eo suspicaris, quousque sis euasurus, compone mores tuos, attolle animum, aduersus formidata consiste : numerare eos noli, qui tibi metum faciunt. Nonne uideatur stultus, si quis multitudinem eo loco timeat, per quem transitus singulis est ? Aeque ad tuam mortem multis aditus non est, licet illam multi minentur. Sic istuc natura disposuit : spiritum tibi tam unus eripiet quam unus dedit.

10 Si pudorem haberes, ultimam mihi pensionem remisisses : sed ne ego quidem me sordide geram in finem aeris alieni et tibi quod debeo, inpingam. « Num-

d'un gladiateur sur un char. **7** Il me jettera à la tête nos charlatans qui auraient fait preuve de plus d'honnêteté en se détournant de la philosophie qu'en l'exploitant. J'ai pris cependant le parti de subir jusqu'au bout ses brocards. Qu'il me fasse rire ; peut-être le ferai-je pleurer ; ou s'il s'obstine à rire, je me réjouirai, autant qu'il est loisible quand les choses vont mal, de ce que par chance sa folie est du genre gai. Mais cette gaîté-là ne dure guère. Observe : tu verras les mêmes hommes passer à très peu d'intervalle des convulsions du rire aux convulsions de la rage. **8** Je veux entreprendre Marcellinus et lui faire voir combien il valait mieux quand il comptait moins dans l'estime de beaucoup de gens. Si je n'extirpe pas ses vices, j'en arrêterai la sève. Ils ne cesseront pas, mais auront leurs intermittences. Il se peut même qu'ils cessent, si ces intermittences passent en habitude. Et ce dernier résultat même n'est pas à dédaigner, puisqu'aussi bien, dans les affections graves, une bonne période de détente est presque la santé.

9 Pendant que je vais m'occuper de lui, toi qui as la force, toi qui comprends d'où tu es parti, où tu es parvenu, et qui d'après cela présumes à quelle hauteur tu dois parvenir, achève de régler tes mœurs, relève ton courage, tiens ferme contre tout ce que l'homme redoute. Ne considère pas le nombre de ceux qui te paraissent formidables. Quelle folie de craindre l'irruption de toute une multitude en tel lieu où l'on ne passe qu'un à la fois ! Disons de même qu'ils ne sont pas beaucoup à pouvoir te porter le coup mortel s'ils sont beaucoup à te menacer de la mort. Ainsi l'a voulu la nature : une seule créature pourra t'arracher la vie, comme une seule te l'a donnée.

10 Si tu étais un créancier délicat, tu m'aurais tenu quitte du dernier versement. De mon côté, je ne lésinerai pas sur la question du règlement final et je vais t'asséner ce qui t'est dû.

quam uolui populo placere : nam quae ego scio, non
probat populus, quae probat populus, ego nescio. »
11 « Quis hoc ? » inquis, tamquam nescias, cui impe-
rem : Epicurus. Sed idem hoc omnes tibi ex omni domo
conclamabunt, Peripatetici, Academici, Stoici, Cynici :
quis enim placere populo potest, cui place͏t uirtus ?
Malis artibus popularis fauor quaeritur : similem te
ipse illis facias oportet : non probabunt, nisi agnoue-
rint. Multo autem ad rem magis pertinet, qualis tibi
uidearis quam qualis aliis : conciliari nisi turpi ratione
amor turpium non potest. **12** Quid ergo illa laudata
et omnibus praeferenda artibus rebusque philosophia
praestabit ? Scilicet ut malis tibi placere quam populo,
ut aestimes iudicia, non numeres, ut sine metu deorum hominumque uiuas, ut aut uincas mala aut finias.
Ceterum, si te uidero celebrem secundis uocibus uulgi,
si intrante te clamor et plausus, pantomimica orna-
menta, obstrepuerint, si tota ciuitate te feminae
puerique laudauerint, quidni ego tui miserear, cum
sciam, quae uia ad istum fauorem ferat ? Vale.

« Jamais je ne me suis piqué de plaire au peuple. Les choses que je connais ne sont pas approuvées du peuple ; celles qu'il approuve, je ne les connais pas[39].»

11 « De qui cela ? » demandes-tu, comme si tu ne savais pas sur qui je fais traite. Le mot est d'Épicure, mais tous les philosophes de toute provenance t'en rebattront les oreilles, péripatéticiens, académiciens, stoïciens, cyniques. En effet, qui peut être aimé du peuple, du moment qu'il aime la vertu ? C'est par de mauvais moyens que se gagne la faveur populaire. Il faudra donc te rendre semblable, toi, à ces gens-là ! Tu ne les auras pas pour toi, s'ils ne se sont reconnus en toi. Or, ce qui importe par-dessus tout, c'est l'opinion que tu as de ta personne, et non celle qu'en ont les autres. L'affection des âmes viles ne s'achète que par de vils procédés.

12 Mais à quoi s'engagera cette philosophie vantée, supérieure à tous les arts, à tous les biens du monde ? Elle t'apprendra, sois-en sûr, à préférer ta propre estime à celle du peuple, à peser les suffrages au lieu de les compter, à vivre sans craindre les dieux ni les hommes, à vaincre tes maux, du moins à y mettre un terme. Au demeurant, si je constate que le vulgaire répète complaisamment ton nom ; si ton apparition fait éclater les acclamations, les applaudissements, brillante entrée de. pantomime, si, par toute la ville, femmes et enfants chantent tes louanges, pourrai-je ne pas te prendre en pitié, moi qui sais quel est le chemin qui mène à cette pauvre gloire ?

---

39. ÉPICURE, fragm. 187.

LIBER IV

1 Bassum Aufidium, uirum optimum, uidi quassum, aetati obluctantem. Sed iam plus illum degrauat quam quod possit adtolli : magno senectus et uniuerso pondere incubuit. Scis illum semper infirmi corporis et exsucti fuisse : diu illud continuit et, ut uerius dicam, concinnauit : subito defecit. 2 Quemadmodum in naue, quae sentinam trahit, uni rimae aut alteri obsistitur, ubi plurimis locis laxari coepit et cedere, succurri non potest nauigio dehiscenti : ita in senili corpore aliquatenus inbecillitas sustineri et fulciri potest ; ubi tamquam in putri aedificio omnis iunctura diducitur et, dum alia excipitur, alia discinditur, circumspiciendum est, quomodo exeas. 3 Bassus tamen noster alacer animo est : hoc philosophia praestat, in conspectu mortis hilarem et in quocumque corporis habitu fortem laetumque nec deficientem, quamuis deficiatur. Magnus gubernator et scisso nauigat uelo, et, si exarmauit, tamen reliquias nauigii aptat ad cur-

LIVRE IV

LETTRE 30

1 Je viens de voir Bassus Aufidius [40], cet excellent homme ; je l'ai trouvé cassé, luttant contre l'âge, mais la charge est trop lourde aujourd'hui pour être soulevée. La vieillesse pèse sur lui et l'accable de toutes parts. Tu sais qu'il a toujours été d'une complexion débile jusqu'à l'épuisement. Il s'est longtemps gardé, radoubé, pour mieux dire ; tout d'un coup il a renoncé. **2** Dans un navire, on aveugle bien une ou deux voies d'eau à la sentine ; mais, s'il se disloque et cède en de très nombreux endroits, s'il s'entrouvre, c'est une embarcation perdue. Ainsi, dans un corps de vieillard, on peut jusqu'à un certain point soutenir, étayer la faiblesse ; mais si, comme dans une bâtisse délabrée, chaque pièce de la charpente se disjoint ; si, tandis que l'on en retient une, cette autre se détache, il ne faut qu'examiner comment se fera la sortie.

3 Malgré tout, notre cher Bassus conserve sa belle humeur. C'est là ce que garantit la philosophie : un homme gai en face de la mort : quel que soit son état physique, courageux, content et, dans le renoncement de ses organes, ne se renonçant pas. Un bon pilote tient encore la mer avec sa voilure en morceaux ; si son gréement est perdu, il radoube la carcasse pour achever sa course. C'est ce que

---

40. Historien célèbre qui professait un épicurisme rigoureux.

sum. Hoc facit Bassus noster et eo animo uultuque
finem suum spectat, quo alienum spectare nimis securi
putares. 4 Magna res est, Lucili, haec et diu discenda,
cum aduentat hora illa ineuitabilis, aequo animo
abire. Alia genera mortis spei mixta sunt : desinit mor-
bus, incendium extinguitur, ruina quos uidebatur ob-
pressura deposuit ; mare quos hauserat, eadem ui, qua
sorbebat, eiecit incolumes ; gladium miles ab ipsa
perituri ceruice reuocauit : nil habet quod speret,
quem senectus ducit ad mortem. Huic uni intercedi
non potest : nullo genere homines mollius moriuntur,
sed nec diutius. 5 Bassus noster uidebatur mihi pro-
sequi se et conponere et uiuere tamquam superstes
sibi et sapienter ferre desiderium sui. Nam de morte
multa loquitur et id agit sedulo, ut nobis persuadeat,
si quid incommodi aut metus in hoc negotio est,
morientis uitium esse, non mortis ; non magis in ipsa
quicquam esse molestiae quam post ipsam. 6 Tam
demens autem est, qui timet, quod non est passurus,
quam qui timet, quod non est sensurus. An quisquam
hoc futurum credit, ut per quam nihil sentiatur, ea
sentiatur ? « Ergo, inquit, mors adeo extra omne
malum est, ut sit extra omnem malorum metum. »
7 Haec ego scio et saepe dicta et saepe dicenda, sed neque cum legerem, aeque mihi profuerunt, neque cum
audirem *aliis* dicentibus, qui negabant timenda, a quorum metu aberant : hic uero plurimum apud me aucto-
ritatis habuit, cum loqueretur de morte uicina.

fait notre cher Bassus : il regarde sa propre fin avec une
sérénité de cœur et de visage qui, si l'on regardait ainsi
celle d'un autre, passerait pour insensibilité. **4** C'est une
grande chose, Lucilius, et qui réclame une longue étude,
que de savoir aux approches de l'heure inévitable, s'en
aller d'un cœur paisible. À certains genres de mort se
mêle encore l'espérance : une maladie cesse ; un incendie
s'éteint ; un écroulement qui devait apparemment nous
écraser, nous dépose au sol ; il arrive que des naufragés
que la mer avait engloutis sont par un contre-coup de
cette même force d'absorption, rejetés sains et saufs au
rivage ; le soldat a parfois détourné son glaive de la tête
qu'il allait trancher. Mais la vieillesse ne laisse point
d'espoir à celui qu'elle conduit à la mort : auprès d'elle
seule, point d'intercession possible. Nul genre de mort
n'est plus doux, plus long aussi.

    5 Je croyais voir notre cher Bassus suivre ses propres
obsèques, assister à son propre ensevelissement et se
survivre en portant sagement le deuil de lui-même. Il
parle beaucoup de la mort et s'attache à nous persuader
que, s'il y a du désagrément ou de la crainte en cette
affaire, il convient de l'imputer non pas à la mort, mais
au mourant ; que la mort n'est pas plus fâcheuse à
subir en elle-même que dans ses suites. **6** Redouter un
dommage que l'on n'aura pas à subir est aussi insensé
que d'appréhender un coup que l'on n'aura pas à sentir.
Peut-on bien croire qu'il nous arrivera de sentir un état
qui nous rend insensibles [41] ? « Ainsi donc, dit-il, la
mort est tellement éloignée d'être un mal qu'elle exclut
la crainte de tout mal. » **7** Ces vérités, je le sais, ont été
dites souvent et se diront souvent encore. Mais je ne les
ai point trouvées d'un pareil profit dans les livres ou dans
les propos de philosophes proclamant le mépris d'un mal
qu'ils n'étaient pas près d'avoir à craindre. J'ai accordé
au contraire toute l'autorité possible à cet homme parlant
de la mort sa voisine.

<hr>

41. Voir ÉPICURE, *Lettre à Ménécée*, 124.

8 Dicam *enim* quid sentiam : puto fortiorem esse eum,
qui in ipsa morte est quam qui circa mortem. Mors
enim admota etiam inperitis animúm dedit non ui-
tandi ineuitabilia : sic gladiator tota pugna timidissi-
mus iugulum aduersario praestat et errantem gladium sibi adtemperat. At illa, quae in propinquo est
utique uentura, desiderat lentam animi firmitatem,
quae est rarior nec potest nisi a sapiente praestari.
9 Libentissime itaque illum audiebam quasi ferentem
de morte sententiam et qualis esset eius natura uelut
propius inspectae indicantem. Plus, ut puto, fidei
haberet apud te, plus ponderis, si quis reuixisset et in
morte nihil mali esse narraret expertus : accessus mortis quam perturbationem adferat, optime tibi hi dicent,
qui secundum illam steterunt, qui uenientem et uide-
runt et receperunt. **10** Inter hos Bassum licet numeres,
qui nos decipi noluit : is ait tam stultum esse, qui mortem timeat, quam qui senectutem. Nam quemadmodum senectus adulescentiam sequitur, ita mors senectutem : uiuere noluit, qui mori non uult. Vita enim
cum exceptione mortis data est, ad hanc itur : quam
ideo timere dementis est, quia certa expectantur, dubia
metuuntur. **11** Mors necessitatem habet aequam et
inuictam : quis queri potest in ea condicione se esse,
in qua nemo non est? Prima autem pars est aequitatis
aequalitas. Sed nunc superuacuum est naturae causam agere, quae non aliam uoluit legem nostram esse
quam suam : quicquid composuit, resoluit, et quicquid resoluit, componit iterum. **12** Iam uero si cui

8 Je dirai toute ma pensée : aux prises avec la mort, l'homme est, selon moi, plus résolu qu'aux approches de la mort. Présente, elle a inspiré aux êtres les plus simples le courage de ne pas chercher à éviter l'inévitable. Le gladiateur qui dans toute la suite du combat s'est montré le plus timide tend à l'adversaire sa gorge et y ajuste le glaive qui s'égare. Mais si la mort, sa venue de toute façon assurée, n'en est qu'aux approches, il faut de la ténacité dans le courage, disposition plus rare et dont le sage seul peut offrir la réalité. **9** C'est pourquoi j'avais le plus grand plaisir à l'écouter prononcer en quelque sorte son arrêt sur la mort et nous expliquer sa nature comme s'il l'avait considérée de plus près. Tu accorderais, je suppose, plus de foi, plus de crédit à un ressuscité qui raconterait que la mort n'est nullement un mal et invoquerait son expérience. Mais l'approche de la mort et toutes les angoisses qu'elle apporte avec elle ne te seront jamais mieux représentées que par ceux qui se sont trouvés sur son passage, qui l'ont vue venir et l'ont accueillie.

10 On a le droit de ranger Bassus dans ce groupe, puisqu'il a voulu nous désabuser. Il est, dit-il, aussi déraisonnable de craindre la mort qu'il le serait de craindre la vieillesse. Comme la vieillesse succède à la maturité, ainsi la mort succède à la vieillesse. Refuser de mourir, c'est ne pas avoir accepté de vivre. Nous avons reçu la vie à charge de mourir ; la mort est le terme où l'on va. En avoir peur est donc une folie ; on attend l'événement certain ; c'est l'accident douteux qu'on appréhende. **11** Il y a dans la mort une nécessité égale pour tous et invincible. Qui peut se plaindre d'une obligation à laquelle personne n'échappe ? L'égalité est la condition première de l'équité. Mais il serait superflu de plaider la cause de la nature qui n'a pas voulu pour nous d'autre loi que celle qui est la sienne. Tout ce qu'elle a formé, elle le décompose et la matière décomposée reçoit de ses mains nouvelle forme.

12 En vérité, lorsqu'un de nous a eu le sort de se

contigit, ut illum senectus leniter emitteret non repente auulsum uitae, sed minutatim subductum : o ne
ille agere gratias diis omnibus debet, quod satiatus
ad requiem homini necessariam, lasso gratam perductus est. Vides quosdam optantes mortem, et quidem
magis quam rogari solet uita. Nescio utros existimem
maiorem nobis animum dare, qui deposcunt mortem
an qui hilares eam quietique opperiuntur, quoniam
illud ex rabie interdum ac repentina indignatione fit,
haec ex iudicio certo tranquillitas est. Venit aliquis
ad mortem iratus : mortem uenientem nemo hilaris
excepit, nisi qui se ad illam diu composuerat. 13 Fateor
ergo ad hominem mihi carum ex pluribus me causis
frequentius uenisse, ut scirem, an illum totiens eun-
dem inuenirem, numquid cum corporis uiribus minue-
retur animi uigor : qui sic crescebat illi, quomodo mani-
festior notari solet agitatorum laetitia, cum septimo
spatio palmae adpropinquant. 14 Dicebat quidem ille
Epicuri praeceptis obsequens, primum sperare se nullum dolorem esse in illo extremo anhelitu ; si tamen
esset, habere aliquantum in ipsa breuitate solacii : nullum enim dolorem longum esse, qui magnus est.
Ceterum succursurum sibi etiam in ipsa distractione
animae corporisque, si cum cruciatu id fieret, post
illum dolorem se dolere non posse. Non dubitare autem

voir doucement congédié par la vieillesse qui, au lieu de l'arracher soudain à la vie, l'en retire petit à petit, oh ! quelles actions de grâces ne doit-il pas à tous les dieux pour l'avoir conduit, rassasié de jours, à ce repos nécessaire à l'homme, doux à sa lassitude ! Tu en vois qui souhaitent la mort, et avec plus d'ardeur que l'on ne demande d'ordinaire la vie. Je ne sais auxquels attribuer le plus d'effet sur notre courage, de ceux qui réclament la mort ou de ceux qui l'attendent gais et tranquilles : d'un côté, un acte <isolé > que détermine en plus d'une circonstance une poussée de rage, de soudain dépit : de l'autre un état <permanent> de sérénité, fruit de la fermeté du jugement. Tel s'en vient vers la mort dans un accès de colère ; mais, si la mort s'en vient vers nous, nul ne l'accueille d'un visage gai, sauf celui qui est dès longtemps préparé à la rencontre.

13 J'avoue donc qu'en multipliant mes visites chez un homme qui m'est cher, j'avais plus d'une raison ; c'était pour savoir si je le trouverais le même à chaque fois ; si l'affaiblissement physique s'accompagnerait en quelque manière d'une diminution de l'énergie morale. Au contraire, elle croissait en lui, comme on voit nettement grandir l'allégresse des conducteurs de chars qui en sont au septième tour [42] et touchent à la palme.

14 Au reste, voici comme il obéissait aux préceptes d'Épicure [43] : il avait d'abord, disait-il, l'espoir que le dernier hoquet n'entraîne pas de souffrance ; à supposer la souffrance, elle serait considérablement allégée par sa brièveté même, car la souffrance n'a pas de durée lorsqu'elle est forte. Au moment même de la séparation de l'âme et du corps, si elle n'allait pas sans tourments, il se représenterait qu'après cette souffrance il ne devait jamais plus être en état de souffrir. D'autre part, il tenait

---

42. Après sept tours du cirque, le char vainqueur obtenait la palme.

43. ÉPICURE, fragm. 503.

se quin senilis anima in primis labris csset nec magna
ui distraheretur a corpore. « Ignis, qui *a*lentem mate-
riam occupauit, aqua et interdum ruina extinguen-
dus est : ille, qui alimentis deficitur, sua sponte subsi-
dit. » **15** Libenter haec, mi Lucili, audio non tamquam
noua, sed tamquam in rem praesentem perductus.
Quid ergo ? non multos spectaui abrumpentes uitam ?
Ego uero uidi, sed plus momenti apud me habent qui
ad mortem ueniunt sine odio uitae et admittunt illam,
non adtrahunt. **16** Illud quidem aiebat tormentum
nostra nos sentire opera, quod tunc trepidamus, cum
prope a nobis esse credimus mortem : a quo enim non
prope est, parata omnibus locis omnibusque momen-
tis ? « Sed consideremus, inquit, tunc, cum aliqua causa moriendi uidetur accedere, quanto aliae propiores
sint, quae non timentur. » Hostis alicui mortem mina-
batur, hanc cruditas occupauit. **17** Si distinguere uo-
luerimus causas metus nostri, inueniemus alīas esse,
alias uideri. Non mortem timemus, sed cogitationem
mortis : ab ipsa enim semper tantundem absumus.
Ita si timenda mors est, semper timenda est : quod
enim morti tempus exemptum est ? **18** Sed uereri debeo, ne tam longas epistulas peius quam mortem
oderis. Itaque finem faciam : tu tamen mortem ut
numquam timeas, semper cogita. VALE.

pour certain que l'âme du vieillard est sur le bord de ses lèvres et qu'elle n'a pas beaucoup de peine à se dégager du corps. « Le feu, lorsqu'il prend à des matériaux qui l'alimentent, ne peut être éteint que par l'eau et quelquefois par l'écroulement <de ce qu'il dévore>. Le feu qui n'a plus d'aliment tombe de lui-même. »

15 Mon cher Lucilius, j'écoute de tels propos avec plaisir ; s'ils ne sont pas nouveaux pour moi, ils me mettent directement en contact avec la réalité. Eh quoi ! n'ai-je pas eu souvent le spectacle d'un homme se donnant la mort ? Oui, j'en ai vu, mais je fais plus d'état de ceux qui vont vers la mort sans haine de la vie, qui la laissent entrer, mais ne la tirent pas à eux.

16 Ces tourments qu'elle nous fait ressentir, il les déclarait notre ouvrage : nous nous mettons à perdre la tête, quand nous la croyons proche de nous. Eh ! de qui n'est-elle pas proche, se tenant prête à paraître en tout lieu, à tout moment ? « Considérons, poursuivait-il, à l'instant où une certaine cause de mort paraît assez pressante, combien sont plus proches de nous d'autres causes que nous ne redoutons pas. » Un ennemi de guerre menaçait quelqu'un de la mort : une indigestion prévint l'acte homicide. **17** Attachons-nous à voir clair dans les motifs de nos craintes : nous découvrirons un manque de rapport entre ce qu'ils sont et ce qu'ils paraissent. Nous ne craignons pas la mort, mais bien l'idée de la mort ; d'elle-même, en effet, nous sommes toujours également distants. Par conséquent, si la mort est à craindre, il faut la craindre sans cesse : quelle portion de la durée échappe aux prises de la mort ?

18 Mais j'ai lieu d'appréhender que tu ne trouves plus odieuses que la mort des lettres aussi longues. Je finirai donc ; pour toi cependant, pense à la mort toujours pour ne la craindre jamais.

SENECA LVCILIO SVO SALVTEM 31

1 Agnosco Lucilium meum : incipit, quem promiserat, exhibere. Sequere illum impetum animi, quo ad optima quaeque calcatis popularibus bonis ibas : non desidero maiorem melioremque te fieri quam moliebaris. Fundamenta tua multum loci occupauerunt : tantum effice, quantum conatus es, et illa, quae tecum in animo tulisti, tracta. **2** Ad summam sapiens eris, si cluseris aures, quibus ceram parum est obdere : firmiore spissamento opus est quam in sociis usum Vlixem ferunt. Illa uox, quae timebatur, erat blanda, non tamen publica : at haec, quae timenda est, non ex uno scopulo, sed ex omni terrarum parte circumsonat. Praeteruehere itaque non unum locum insidiosa uoluptate suspectum, sed omnes urbes. Surdum te amantissimis tuis praesta : bono animo mala precantur. Et si esse uis felix, deos ora, ne quid tibi ex his, quae optantur, eueniat. **3** Non sunt ista bona, quae in te isti uolunt congeri : unum bonum est, quod beatae uitae causa et firmamentum est, sibi fidere. Hoc autem contingere non potest, nisi contemptus est labor et in eorum numero habitus, quae neque bona sunt neque mala : fieri enim non potest, ut una ulla res modo mala sit, modo bona, modo leuis et perferenda, modo expauescenda. **4** Labor bonum non est : quid ergo est bonum ?

LETTRE 31

1 Je reconnais mon Lucilius : voilà qu'il laisse paraître l'homme qu'il avait promis. Suis cet élan de l'âme qui te faisait fouler aux pieds les biens du vulgaire pour te diriger vers tout ce qui exprime le bien suprême. Je ne te souhaite ni plus grand ni meilleur que tu ne travaillais à l'être. Ton plan de réforme portait sur de larges bases. Ne dépasse pas, dans l'exécution, l'effort que tu t'es prescrit. Les principes que tu portais dans ta conscience, mets-les en œuvre. **2** Bref, pour être un sage, il te reste à boucher tes oreilles, mais ne te contente pas de les enduire de cire ; il y faut un tampon plus solide que ce qui servit, raconte-t-on, à Ulysse [44] pour son équipage. La voix redoutée était caressante, mais n'était pas celle de tout un peuple ; la voix à redouter vient à retentir autour de nous non d'un simple écueil, mais de tous les points de la terre. Ce n'est donc pas seulement un rivage suspect pour ses voluptés perfides que tu as à doubler, c'est toutes les villes. Montre-toi sourd aux paroles de ceux qui t'aiment le plus. Pleins de bonnes intentions, ils ne forment que des souhaits de malheur ; et, si tu prétends à la félicité, prie les dieux de ne t'envoyer rien de ce qu'on souhaite pour toi.

3 Les pauvres avantages dont ces pauvres gens voudraient te voir comblé ne sont pas des biens. Il n'est qu'un bien, source de condition fondamentale du bonheur dans la vie : la confiance en ses propres moyens. Or, on ne possède ce bien qu'à condition de dénier toute valeur propre au travail et de le mettre au rang de ce qui n'est ni bien ni mal. En effet, une seule et même chose ne saurait être tour à tour bien et mal, tantôt légère et supportable, tantôt terrible à envisager. **4** Le travail n'est pas en soi

---

44. HOMÈRE, *Odyssée*, XII, 47. Arrivé dans la région des sirènes et pour ne point succomber à leurs chants perfides, Ulysse se fit attacher au pied du mât de son navire et fit boucher de cire les oreilles de ses compagnons.

laboris contemptio. Itaque in uanum operosos culpa-
uerim : rursus ad honesta nitentes, quanto magis incu-
buerint minusque sibi uinci ac strigare permiserint, ad-
probabo <et> admirabor et clamabo : « Tanto melior,
surge et inspira et cliuum istum uno, si potes, spiritu
exsupera. » Generosos animos labor nutrit. 5 Non est
ergo, quod ex illo <uoto> uetere parentum tuorum eli-
gas, quid contingere tibi uelis, quid optes : et in totum
iam per maxima acto uiro turpe est etiamnunc deos
fatigare. Quid uotis opus est ? Fac te ipse felicem :
facies autem, si intellexeris bona esse, quibus admixta
uirtus est, turpia, quibus malitia coniuncta est. Quemadmodum sine mixtura lucis nihil splendidum est,
nihil atrum, nisi quod tenebras habet aut aliquid in
se traxit obscuri, quemadmodum sine adiutorio ignis
nihil calidum est, nihil sine aëre frigidum : ita honesta
et turpia uirtutis ac malitiae societas efficit. 6 Quid
ergo est bonum ? rerum scientia. Quid malum est ?
rerum imperitia. Ille prudens atque artifex pro tempore quaeque repellet aut eliget : sed nec quae repellit
timet, nec miratur quae eligit, si modo magnus illi et
inuictus animus est. Summitti te ac deprimi ueto.
Laborem si non recuses, parum est : posce. 7 « Quid
ergo ? » inquis, « labor friuolus et superuacuus et quem
humiles causae euocauerunt, non est malus ? » Non
magis quam ille, qui pulchris rebus impenditur, quoniam animi est ipsa tolerantia, quae se ad dura et
aspera hortatur ac dicit : « Quid cessas ? Non est uiri

un bien. Qu'est-ce donc que le bien ? L'indifférence
pour le travail en tant que travail. Je suis donc disposé
à condamner toute activité sans objet. Quant à ceux qui,
au contraire, gravissent avec effort le chemin de la vertu,
plus je les verrai se dépenser sans se laisser vaincre, sans
se permettre de reprendre haleine, plus j'applaudirai dans
mon admiration. « Courage ! m'écrierai-je. Plus haut !
Aspire l'air à pleins poumons et, s'il se peut, franchis
la cime tout d'une haleine. » Le travail est l'aliment des
âmes généreuses. 5 Ainsi, tu aurais tort de chercher, dans
le vœu que tes parents firent jadis pour toi, la formule de
tes ambitions et de tes souhaits. Pour tout dire, un homme
qui a passé par les plus hauts emplois ne s'honorerait pas
en continuant à fatiguer les dieux de ses prières. À quoi
bon des vœux ? Fais-toi heureux toi-même. Tu le seras, si
tu reconnais que le bien, c'est ce qui est pénétré de vertu;
le mal, ce à quoi le vice est mêlé. Il n'y a rien d'éclatant
qui ne soit pénétré de lumière, rien de sombre qui ne
porte en soi ses ténèbres ou qui n'ait reçu la projection
d'un corps obscur; sans le secours du feu il n'est point de
chaleur et sans l'air point de froid. De même, les choses
sont moralement belles ou laides selon la part qu'elles
font à la vertu et au vice.

   6 Qu'est-ce donc que le bien ? La science. Qu'est-
ce que le mal ? L'ignorance. Le philosophe, l'artiste <en
sagesse> saura, suivant l'occasion, rejeter ou choisir.
Toutefois, il ne s'effraie pas de ce qu'il rejette, il ne
s'éprend pas de ce qu'il choisit, s'il a l'âme grande et
invincible. Fléchiras-tu ? Te laisseras-tu abattre ? Je te le
défends. Ne pas refuser le travail serait peu : réclame-le.

   7 « Mais, remarques-tu, un travail futile et superflu,
qui ne procède que de motifs peu nobles, n'est donc
pas chose mauvaise ? » Eh non !, pas plus que le travail
consacré à de nobles objets, parce qu'il représente
précisément la patience de l'âme qui s'entraîne aux âpres
et difficiles entreprises, en se disant : « Pourquoi languir ?
On ne craint pas la sueur, quand on est un homme ».

timere sudorem ». **8** Huc et illud accedat, ut perfecta
uirtus sit, aequalitas ac tenor uitae per omnia con-
sonans sibi, quod non potest esse, nisi rerum scientia
contingit et ars, per quam humana ac diuina noscan-
tur. Hoc est summum bonum : quod si occupas, inci-
pis deorum socius esse, non supplex. **9** « Quomodo,
inquis, isto peruenitur ? » Non per Poeninum Graium-
ue montem nec per deserta Candauiae ; nec Syrtes
tibi nec Scylla aut Charybdis adeundae sunt, quae tamen omnia transisti procuratiunculae pretio :
tutum iter est, iucundum est, ad quod natura te in-
struxit. Dedit tibi illa, quae si non deserueris, par deo
surges. **10** Parem autem te deo pecunia non faciet :
deus nihil habet. Praetexta non faciet : deus nudus
est. Fama non faciet nec ostentatio tui et in populos
nominis dimissa notitia : nemo nouit deum, multi de
illo male existimant, et inpune. Non turba seruorum
lecticam tuam per itinera urbana ac peregrina portan-
tium : deus ille maximus potentissimusque ipse uehit
omnia. Ne forma quidem et uires beatum te facere possunt : nihil horum patitur uetustatem. **11** Quaerendum
est quod non fiat in dies peius, quoi non possit obstari.
Quid hoc est ? Animus, sed hic rectus, bonus, magnus :

45. Région des Balkans, correspondant à l'actuelle Albanie et à
une partie de la Macédoine.

8 À l'application au travail doit se joindre, pour que la vertu soit parfaite, une égalité, une continuité, une totale harmonie d'existence : idéal impossible, sans la science et sans la connaissance des choses humaines et des choses divines. C'est là le souverain bien. Si tu le conquiers, tu n'es plus un suppliant ; tu deviens compagnon des dieux.

9 « Mais comment parvenir si haut ? » demandes-tu. La route ne passe pas par les Alpes Pennines et les Alpes Grées ou par les déserts de Candavie [45] ; tu n'auras pas à braver les Syrtes, Scylla, Charybde [46], lieux que tu as cependant tous traversés au prix d'une pauvre mission de procurateur. Le chemin est sûr, il est charmant ; et la nature t'a muni de ce qu'il te faut. Oui, elle t'a pourvu de ses dons ; garde-les fidèlement : ils te porteront si haut que tu marcheras de pair avec Dieu.

10 Mais qu'est-ce qui te fera aller de pair avec Dieu ? Ce n'est pas l'argent : Dieu ne possède rien ; ni la prétexte : Dieu est nu. Ce n'est pas la réputation acquise, toute une mise en scène autour de ta personne, la connaissance de ton nom propagée parmi les peuples : nul ne connaît Dieu ; beaucoup jugent mal de lui, et impunément. Ce n'est pas cette bande d'esclaves qui transportent ta litière par la ville et dans tes voyages : Dieu, souverainement grand et souverainement puissant, est lui-même le support de cet univers. Ne compte pas non plus sur la beauté et sur la force pour faire de toi un être heureux : rien de cela ne résiste au temps.

11 Cherchons quelque chose qui ne se détériore pas de jour en jour et à quoi rien ne puisse faire obstacle. Et quelle est cette chose ? C'est l'âme, j'entends une âme droite, bonne et grande. On ne saurait la nommer

46. Charybde est un des nombreux tourbillons dangereux à l'entrée du détroit de Messine, à proximité du rocher de Scylla. Lucilius, au moment de la correspondance avec Sénèque, est précisément procurateur en Sicile.

quid aliud uoces hunc quam deum in corpore humano
hospitantem ? Hic animus tam in equitem Romanum
quam in libertinum, quam in seruum potest cadere.
Quid est enim eques Romanus aut libertinus aut ser-
uus ? Nomina ex ambitione aut iniuria nata. Subsilire
in caelum ex angulo licet : exurge modo

>   et te quoque dignum
>   Finge deo

    Finges autem non auro uel argento : non potest
ex hac materia imago deo exprimi similis ; cogita
illos, cum propitii essent, fictiles fuisse. VALE.

SENECA LVCILIO SVO SALVTEM   32

    1 Inquiro *de* te et ab omnibus sciscitor, qui ex ista
regione ueniunt, quid agas, ubi et cum quibus more-
ris. Verba dare non potes : tecum sum. Sic uiue, tamquam quid facias auditurus sim, immo tamquam
uisurus. Quaeris quid me maxime ex his, quae de te
audio, delectet ? Quod nihil audio, quod plerique ex
his, quos interrogo, nesciunt quid agas. **2** Hoc est sa-
lutare, non conuersari dissimilibus et diuersa cupien-
tibus. Habeo quidem fiduciam non posse te detorqueri
mansurumque in proposito, etiam si sollicitantium
turba circumeat. Quid ergo est ? non timeo, ne mu-
tent te, timeo, ne impediant. Multum autem nocet
etiam qui moratur, utique in tanta breuitate uitae,
quam breuiorem inconstantia facimus aliud eius subinde atque aliud facientes initium : diducimus illam

qu'en disant : c'est un dieu qui s'est fait l'hôte d'un corps mortel. Cette âme peut tomber dans le corps d'un chevalier romain, comme dans le corps d'un affranchi, d'un esclave ? Qu'est-ce qu'un chevalier romain, qu'est-ce qu'affranchi, un esclave ? Des noms issus de l'orgueil ou de l'injustice. Du plus humble logis on peut s'élancer jusqu'au ciel. Debout donc.

« Façonne ton être; rends-le, lui aussi, digne de Dieu [47]. »

Mais tu ne façonneras pas l'ouvrage dans l'or ou dans l'argent, matière inapte à reproduire en traits ressemblants l'image de la divinité. Songe qu'au temps où nous nous faisions écouter des dieux, ils étaient d'argile.

LETTRE 32 *

1 Je me renseigne sur toi et cherche à savoir de tous ceux qui viennent de tes parages ce que tu fais, où et avec qui tu demeures. Tu ne m'en donneras pas à garder : je suis avec toi. Vis comme si ta conduite devait m'arriver aux oreilles, ou plutôt sous les yeux. Tu demandes ce qui, dans ce que j'entends dire de toi, me réjouit le plus ? C'est que je n'entends rien dire, c'est que la plupart des personnes que j'interroge ignorent ce que tu fais. **2** Salutaire pratique, de ne pas hanter ceux qui sont différents de nous et dont les aspirations s'opposent aux nôtres. Du reste, je m'assure que l'on ne peut te faire dévier et que tu t'en tiendras à ta résolution, quand bien même une foule d'intrigants t'assiègerait. Où veux-je en venir ? Je ne crains pas que l'on te change ; je crains que l'on ne te gêne. Qui nous arrête en route nous fait déjà bien du tort. Cette vie est si courte ! Et nous l'abrégeons par notre légèreté, passant coup sur coup avec elle de recommencement en recommencement. Nous morcelons, nous émiettons la vie.

47. VIRGILE, *Énéide*, VIII, 365.

in particulas ac lancinamus. **3** Propera ergo, Lucili carissime, et cogita quantum additurus celeritati fueris, si a tergo hostis instaret, si equitem aduentare suspicareris ac fugientium premere uestigia. Fit hoc, premeris : adcelera et euade, perduc te in tutum et subinde considera, quam pulchra res sit consummare uitam ante mortem, deinde exspectare securum reliquam temporis sui partem, nihil sibi, in possessione beatae uitae positum, quae beatior non fit, si longior. **4** O quando illud uidebis tempus, quo scies tempus ad te non pertinere, quo tranquillus placidusque eris et crastini neglegens et in summa tui satietate ! Vis scire, quid sit, quod faciat homines auidos futuri ? Nemo sibi contigit. Optauerunt itaque tibi alia parentes tui : sed ego contra omnium tibi eorum contemptum opto, quorum illi copiam. Vota illorum multos compilant, ut te locupletent : quicquid ad te transferunt, alicui detrahendum est. **5** Opto tibi tui facultatem, ut uagis cogitationibus agitata mens tandem resistat et certa sit, ut placeat sibi et intellectis ueris bonis, quae, simul intellecta sunt, possidentur, aetatis adiectione non egeat. Ille demum necessitates supergressus est et exauctoratus ac liber, qui uiuit uita peracta. VALE.

SENECA LVCILIO SVO SALVTEM   **83**

1 Desideras his quoque epistulis sicut prioribus adscribi aliquas uoces nostrorum procerum. Non fuerunt circa flosculos occupati : totus contextus illorum uirilis est. Inaequalitatem scias esse, ubi quae emi-

3 Hâte-toi donc, mon bien cher Lucilius. Songe comme tu devrais redoubler de vitesse, si tu avais l'ennemi à dos, si tu soupçonnais l'approche d'une cavalerie pourchassant les fuyards. Tu en es là : on te pourchasse. Allons vite ! Échappe, et, quand tu auras mis ta personne en sûreté, considère sans cesse combien il est beau de parachever sa vie dès avant la mort; puis, d'attendre avec sérénité le reste de ses jours, sans rien attendre pour soi, installé dans la possession du bonheur, lequel ne s'accroît pas avec la durée. 4 Oh ! quand verras-tu ce temps où tu comprendras que le temps ne t'importe en rien, où tu seras tranquille, paisible, indifférent au lendemain, pleinement rassasié de toi-même !

Veux-tu savoir ce qui fait que l'homme est avide du futur ? Nul ne sait être à soi. Et c'est pour cela que tes parents t'ont souhaité des biens d'une autre sorte. Quant à moi, prenant le contre-pied, je souhaite que tu aies le mépris de toutes ces choses dont ils rêvent pour toi l'abondance. Leurs vœux tendent à dépouiller beaucoup d'hommes pour te rendre riche ; tout ce qu'ils transfèrent sur ta tête, il faudrait le retirer à quelqu'un. 5 Ce que je te souhaite, c'est la libre disposition de toi-même, c'est que ton âme, harassée par le vagabondage de sa pensée, arrive à se rasseoir et à se fixer, qu'elle trouve en soi sa satisfaction et que, dans l'intelligence de ces vrais biens dont l'intelligence entraîne la possession, elle n'ait pas besoin d'un surcroît d'années. Vraiment, il s'est mis au-dessus des nécessités, il a fini de servir, il est libre, celui-là qui vit, sa vie achevée.

LETTRE 33*

1 Tu désires que je continue d'insérer des sentences dans mes lettres, en les empruntant à nos maîtres stoïciens. Ce n'étaient pas des collectionneurs de fleurettes. La contexture, chez eux, est tout entière de main virile.

nent notabilia sunt : non est admirationi una arbor,
ubi in eandem altitudinem tota silua surrexit. 2 Eius-
modi uocibus referta sunt carmina, refertae historiae.
Itaque nolo illas Epicuri existimes esse : publicae sunt
et maxime nostrae, sed <in> illo magis adnotantur,
quia rarae interim interueniunt, quia inexspectatae,
quia mirum est fortiter aliquid dici ab homine molli-
tiam professo. Ita enim plerique iudicant : apud me
Epicurus est et fortis, licet manuleatus sit. Fortitudo
et industria et ad bellum prompta mens tam in Persas
quam in alte cinctos cadit. 3 Non est ergo quod exigas
excerpta et repetita : continuum est apud nostros
quicquid apud alios excerpitur. Non habemus itaque
ista ocliferia nec emptorem decipimus nihil inuentu-
rum, cum intrauerit, praeter illa, quae in fronte sus-
pensa sunt : ipsis permittimus, unde uelint sumere
exemplar. 4 Iam puta nos uelle singulares sententias
ex turba separare : cui illas adsignabimus ? Zenoni
an Cleanthi an Chrysippo an Panaetio an Posidonio ?
Non sumus sub rege : sibi quisque se uindicat. Apud
istos quicquid Hermarchus dixit, quicquid Metrodo-
rus, ad unum refertur : omnia quae quisquam in illo
contubernio locutus est, unius ductu et auspiciis dicta

Sachons qu'il y a inégalité dans l'exécution, là où les morceaux supérieurs se font remarquer. Un arbre isolé ne retient pas l'admiration aux lieux où toute la forêt monte aussi haut. 2 Ces sortes de sentences abondent chez les poètes, elles abondent chez les historiens. Ne fais donc pas honneur à Épicure de celles que je t'ai adressées : elles sont à tout le monde et principalement à notre école. Mais, chez lui, elles se signalent davantage parce qu'elles apparaissent à de larges intervalles et qu'elles sont inattendues, parce qu'une forte parole surprend chez un homme qui fait profession de mollesse : c'est du moins le jugement le plus répandu. Pour moi, Épicure a lui aussi de la force bien qu'il attache à sa tunique des manches de femme [48]. La force d'âme, le goût de l'action, l'ardeur pour la guerre ne se rencontrent pas moins chez les Perses que chez les peuples court-vêtus.

3 N'exige donc pas de maximes détachées, de pensées recueillies de-ci de-là : le stoïcisme présente comme un tout continu ce qui ailleurs n'est donné qu'en extraits. Le colifichet tapageur est un article que nous ne tenons pas ; nous n'abusons pas l'acheteur qui, une fois dans le magasin, n'y trouvera rien de plus que les objets accrochés à la montre. Nous laissons chacun libre de choisir ses échantillons. 4 Suppose que nous voulions isoler de la masse certaines pensées saillantes : à qui les attribuerons-nous ? à Zénon ? à Cléanthe ? à Chrysippe ? à Panétius ? À Posidonius [49] ? Nous n'obéissons pas à un roi ; chacun ne relève que de, lui-même. Mais chez ces gens-là, tout ce qu'a dit Hermarchus, tout ce qu'a dit Métrodore [50] n'est imputé qu'à un seul. Le moindre propos, tenu par n'importe qui dans la communauté, est

---

48. Paul Veyne (in SÉNÈQUE, *Entretiens, Lettres à Lucilius*, *op. cit.*, p. 681, note 1) fait remarquer que les épicuriens étaient des gens frileux et non des hommes de grand air.

49. Les cinq grands noms de l'ancien et moyen stoïcisme.

50. Hermarchus et Métrodore sont deux disciples d'Épicure.

sunt. Non possumus, inquam, licet temptemus, edu-
cere aliquid ex tanta rerum aequalium multitudine :

Pauperis est numerare pecus.

Quocumque miseris oculum, id tibi occurret, quod
eminere posset, nisi inter paria legeretur. 5 Quare
depone istam spem, posse te summatim degustare
ingenia maximorum uirorum : tota tibi inspicienda
sunt, tota tractanda. <Continuando> res geritur et
per lineamenta sua ingenii opus nectitur, ex quo nihil
subduci sine ruina potest. Nec recuso, quo minus singula membra, dummodo in ipso homine, consideres :
non est formosa, cuius crus laudatur aut brachium,
sed illa, cuius uniuersa facies admirationem partibus
singulis abstulit. 6 Si tamen exegeris, non tam men-
dice tecum agam, sed plena manu fiet : ingens eorum
turba est passim iacentium, sumenda erunt, non colligenda. Non enim excidunt, sed fluunt ; perpetua et
inter se contexta sunt. Nec dubito, quin multum con-
ferant rudibus adhuc et extrinsecus auscultantibus :
facilius enim singula insidunt circumscripta et car-
minis modo inclusa. 7 Ideo pueris et sententias edis-
cendas damus et has quas Graeci chrias uocant, quia
conplecti illas puerilis animus potest, qui plus adhuc
non capit. Certi profectus uiro captare flosculos turpe
est et fulcire se notissimis ac paucissimis uocibus et

une vérité formulée sous la direction et sous les auspices d'un seul. Non, je le dis, nous aurions beau le tenter, nous ne pourrions rien extraire d'une telle profusion de pensées d'égale valeur. « C'est au berger pauvre à faire le compte de son troupeau [51]. » Où que tu jettes les yeux, tu ne rencontreras rien qui ne pût ressortir, si on ne le lisait parmi des choses toutes pareilles.

5 Ainsi donc, dépose l'espoir de goûter en l'effleurant le génie des grands hommes : il faut que ton regard l'embrasse tout entier, que tu le retournes sous toutes ses faces. Tout s'effectue <chez eux> par continuité. Chaque trait de l'œuvre de génie est un des filaments qui composent la trame et qui la soutiennent; rien ne s'en peut retrancher : autrement, tout croule. Je ne refuse pas qu'on examine le détail des membres, mais que ce soit dans le sujet entier. Une belle femme n'est pas celle dont on vante la jambe ou le bras : c'est celle dont un ensemble de formes retire au détail l'admiration.

6 Si toutefois tu l'exiges, je ne ferai pas tant le pleure-misère avec toi et t'en donnerai à pleine main, car on trouve ici une immense masse de choses qui se présentent de partout ; on n'aura qu'à prendre, sans prétendre colliger : c'est que les idées ne tombent pas goutte à goutte, mais coulent à flots. Il y a entre elles continuité, unité de contexture. Je ne doute pas qu'elles n'apportent beaucoup de profit aux âmes encore novices, aux auditeurs du dehors. On se grave, en effet, plus facilement dans l'esprit les préceptes isolés, concis et montés en formules comme des vers. **7** Nous faisons apprendre aux enfants des sentences et, en particulier, ces apophtegmes que les Grecs appellent « chries ». Et pourquoi ? Parce que l'intelligence enfantine est en mesure de les saisir et que sa capacité n'irait pas au delà. Mais un esprit déjà formé, un adulte s'attirerait la honte à ramasser des fleurettes, à s'étayer d'un tout petit nombre d'adages des plus connus

---

51. Ovide, *Métamorphoses*, XIII, 823.

memoria stare : sibi iam innitatur. Dicat ista, non te-
neat : turpe est enim seni aut prospicienti senectutem
ex commentario sapere. « Hoc Zenon dixit » : tu quid ?
« Hoc Cleanthes » : tu quid ? Quousque sub alio moue-
ris ? Impera et dic quod memoriae tradatur aliquid et
de tuo profer. 8 Omnes itaque istos, numquam auc-
tores, semper interpretes sub aliena umbra latentes,
nihil existimo habere generosi, numquam ausos aliquando facere, quod diu didicerant. Memoriam in alienis exercuerunt : aliud autem est meminisse, aliud
scire. Meminisse est rem commissam memoriae custo-
dire : at contra scire est et sua facere quaeque nec ad
exemplar pendere et totiens respicere ad magistrum.
« Hoc dixit Zenon, hoc Cleanthes. » 9 Aliquid inter te
intersit et librum : quousque disces ? Iam et praecipe.
Quid est quod a *te* audiam, quod legere possum ?
« Multum, inquit, uiua uox facit. » Non quidem haec,
quae alienis uerbis commodatur et actuari uice fun-
gitur. 10 Adice nunc quod isti, qui numquam tutelae
suae fiunt, primum in ea re secuntur priores, in qua
nemo non a priore desciuit ; deinde in ea re secuntur,
quae adhuc quaeritur : numquam autem inuenietur,
si contenti fuerimus inuentis. Praeterea qui alium sequitur, nihil inuenit, immo nec quaerit. 11 Quid ergo ?
non ibo per priorum uestigia ? Ego uero utar uia uete-

et à ne se soutenir que par sa mémoire. Qu'il prenne désormais en lui-même son point d'appui ; que ce soit lui qui parle dans ces citations, non sa mémoire. Honte au vieillard, à l'homme arrivé en vue de la vieillesse, dont toute la sagesse ne tient qu'à un grimoire !

« Zénon a dit ceci. » Et toi, que dis-tu ? « Cléanthe pense ainsi. » Et toi, que penses-tu ? Marches-tu toujours sous les ordres d'autrui ? Sois un chef ; prononce des paroles qui puissent se graver dans les mémoires. Produis quelque chose de ton fonds. 8 Pauvres hommes, sans personnalité d'aucune sorte, commentateurs éternels tapis à l'ombre des grands noms ! Je leur dénie à tous la moindre générosité d'âme, puisqu'ils n'ont jamais eu le courage d'accomplir une bonne fois ce qu'ils ont longtemps appris. C'est leur mémoire qu'ils ont exercée sur les conceptions des autres. Or, se souvenir n'est pas savoir. Se souvenir, c'est conserver le dépôt commis à la mémoire ; savoir, c'est faire sienne toute notion acquise, sans s'accrocher à un modèle, sans se retourner à tout bout de champ vers le maître. « Zénon l'a dit, Cléanthe l'a dit. » 9 Laisse donc un peu de marge entre toi et ton livre. Eh quoi !, disciple indéfiniment ? Tiens école à ton tour. Pourquoi est-ce que j'écouterais <par surcroît> ce que je puis lire ?

« Mais, me dit-on, la parole vivante est d'un grand effet. » Non, quand elle se prête aux paroles des autres et tient lieu de greffier. 10 Ajoute que ces esprits subalternes, incapables de s'émanciper, suivent les anciens dans un ordre de recherches où jamais nul n'a craint de se séparer d'un plus ancien. Ils suivent, d'autre part, dans un ordre de recherches qui se continuent à cette heure. Or, comment aboutir au terme de la découverte, si nous nous en tenons aux découvertes connues ? Et puis, qui chemine à la suite d'un autre ne découvre rien et même, pour mieux dire, ne cherche rien.

11 Ainsi donc, je ne marcherai pas sur les traces des Anciens ? Je veux bien, quant à moi, prendre la route

re, sed si propiorem planioremque inuenero, hanc mu-
niam. Qui ante nos ista mouerunt, non domini nostri,
sed duces sunt. Patet omnibus ueritas, nondum est occu-
pata : multum ex illa etiam futuris relictum est. VALE.

SENECA LVCILIO SVO SALVTEM   34

1 Cresco et exulto et discussa senectute recalesco,
quotiens ex is, quae agis ac scribis, intellego, quantum
te ipse — nam turbam olim reliqueras — super te egeris. Si agricolam arbor ad fructum perducta delectat,
si pastor ex fetu gregis sui capit uoluptatem, si alum-
num suum nemo aliter intuetur quam ut adulescentiam illius suam iudicet : quid euenire credis is, qui
ingenia educauerunt et, quae tenera formauerunt,
adulta subito uident ? 2 Assero te mihi : meum opus
es. Ego quom uidissem indolem tuam, inieci manum,
exhortatus sum, addidi stimulos nec lente ire passus
sum, sed subinde incitaui : et nunc idem facio, sed
iam currentem hortor et inuicem hortantem. 3 « Quid
illud ? inquis, adhuc uolo. » In hoc plurimum est, non
sic quomodo principia totius operis dimidium occu-
pare dicuntur. Ista res animo constat : itaque pars
magna bonitatis est uelle fieri bonum. Scis quem bonum dicam ? Perfectum, absolutum, quem malum facere nulla uis, nulla necessitas possit. 4 Hunc [in] te

frayée ; mais si j'en trouve une plus proche et plus unie, je me la paverai. Ceux qui ont remué avant nous les problèmes qui t'occupent ne sont pas maîtres arbitraires de notre pensée ; ils sont nos guides. La vérité offre accès à tous. On ne se l'est pas annexée jusqu'ici ; et le champ qu'elle laisse à l'homme futur est encore bien vaste.

Lettres 34*

1 Je me dilate, je tressaille d'une joie qui, dissipant ma vieillesse, me réchauffe le cœur chaque que fois que j'ai à reconnaître, par ce que tu fais, par ce que tu écris, combien, dès longtemps dégagé de la foule, tu t'es surpassé toi-même. Si le jardinier prend plaisir à voir l'arbre qu'il a dirigé porter son fruit ; si le berger est content quand ses bêtes lui donnent des petits ; si personne n'envisage autrement que comme sienne la croissance de l'enfant qu'il a nourri, que crois-tu qu'éprouvent ceux qui ont eu à faire l'éducation d'une âme, l'ont formée encore toute tendre, et découvrent soudain que son développement est complet ? **2** Moi, je te revendique: tu es mon ouvrage. M'étant rendu compte de ton naturel, j'ai opéré une mainmise ; je t'ai bien exhorté, aiguillonné, et, impatient de toute lenteur, je t'ai poussé sans relâche. Je suis resté fidèle à la méthode, mais aujourd'hui j'exhorte quelqu'un qui est déjà rondement parti et qui m'exhorte à son tour.

3 « Comment cela ? dis-tu : je n'ai jusqu'ici que de là bonne volonté. » Le point principal est là, mais non pas <simplement> dans le sens où l'on dit que commencer, c'est expédier une moitié de la tâche entière. Ton œuvre à toi est essentiellement affaire d'âme. Ainsi donc, c'est une part importante de la bonté que de vouloir être bon. Et sais-tu qui j'appelle bon ? Celui qui l'est d'une manière parfaite, absolue, celui dont nulle violence, nulle nécessité ne saurait faire un méchant. **4** Je vois que tu

prospicio, si perscueraueris et incubueris et id egeris,
ut omnia facta dictaque tua inter se congruant ac res-
pondeant sibi et una forma percussa sint. Non est
huius animus in recto, cuius acta discordant. VALE.

SENECA LVCILIO SVO SALVTEM   35

1 Cum te tam ualde rogo, ut studeas, meum negotium ago : habere amicum uolo, quod contingere
mihi, nisi pergis ut coepisti excolere te, non potest. Nunc enim amas me, amicus non es. « Quid
ergo ? haec inter se diuersa sunt ? » Immo dissimilia.
Qui amicus est, amat ; qui amat, non utique amicus
est : itaque amicitia semper prodest, amor aliquando
etiam nocet. Si nihil aliud, ob hoc profice, ut amare
discas. 2 Festina ergo, dum mihi proficis, ne istuc
alteri didiceris. Ego quidem percipio iam fructum,
cum mihi fingo uno nos animo futuros et quicquid
aetati meae uigoris abscessit, id ad me ex tua, quam-
quam non multum abest, rediturum : sed tamen re
quoque ipsa esse laetus uolo. 3 Venit ad nos ex is,
quos amamus, etiam absentibus gaudium, sed id leue
et euanidum : conspectus et praesentia et conuersatio
habet aliquid uiuae uoluptatis, utique si non tantum
quem uelis, sed qualem uelis, uideas. Affer itaque te
mihi ingens munus, et quo magis instes, cogita te mor-
talem esse, me senem. 4 Propera ad me, sed ad te
prius : profice et ante omnia hoc cura, ut constes tibi.

seras celui-là, si tu persévères et redoubles d'efforts, si tu t'assignes ce but, que toutes tes actions et toutes tes paroles s'harmonisent et se répondent, qu'elles soient frappées au même coin. Il y a de la dépravation dans l'âme de l'homme dont les actes sont en discordance.

LETTRE 35*

1 Quand je te demande si instamment de t'adonner à la philosophie, je travaille pour mon compte. Je veux posséder un ami ; ce qui ne peut m'advenir si tu ne continues à pousser ton perfectionnement. Pour le présent, tu ne fais que m'aimer ; tu n'es pas mon ami. « Comment ! ces deux états s'opposent ? » Disons qu'ils sont dissemblables. Qui est notre ami nous aime ; qui nous aime n'est pas dans tous les cas notre ami. Voilà pourquoi l'amitié apporte toujours des avantages ; l'amour fait même parfois du mal. Quand manquerait toute autre raison, progresse dans la sagesse, en vue d'apprendre à aimer. 2 Hâte-toi donc, tant que tes progrès sont pour moi, de façon à n'avoir pas appris pour un autre. Quant à moi, sans doute, le fruit m'en revient déjà, lorsque je m'imagine que nous ne serons plus qu'une âme, et que, toute la vigueur que mon âge s'est vu retirer, ton âge, qui n'est pas du reste si loin du mien, me la ramènera. Quoi qu'il en soit, je veux trouver aussi dans la réalité immédiate ma satisfaction. 3 Il nous vient de la joie de ceux que nous aimons, même absents ; mais c'est joie légère et vite évanouie. Leur aspect, leur présence, leur entretien ont quelque chose d'un vivant plaisir, surtout si celui que tu te plais à voir est tel en outre qu'il te plaît de le voir. Apporte-moi donc un bien grand cadeau, ta personne ; et, pour y mettre plus de diligence, songe que tu es mortel et que je suis vieux.

4 Viens vite avec moi, mais sois d'abord avec toi-même. Avance dans la sagesse, par-dessus tout soucieux

Quotiens experiri uoles, an aliquid actum sit, obserua,
an eadem hodie uelis, quae heri : mutatio uoluntatis
indicat animum natare, aliubi atque aliubi apparere,
prout tulit uentus. Non uagatur, quod fixum atque
fundatum est : istud sapienti perfecto contingit, aliquatenus et proficienti prouectoque. Quid ergo interest? Hic commouetur quidem, non tamen transit,
sed suo loco nutat ; ille ne commouetur quidem.
VALE.

SENECA LVCILIO SVO SALVTEM   36

1 Amicum tuum hortare, ut istos magno animo con-
temnat, qui illum obiurgant, quod umbram et otium
petierit, quod dignitatem suam destituerit, et cum
plus consequi posset, praetulerit quietem omnibus :
quam utiliter suum negotium gesserit, cotidie illis
ostentet. Hi, quibus inuidetur, non desinent transire :
alii elidentur, alii cadent. Res est inquieta felicitas,
ipsa se exagitat, mouet cerebrum non uno genere :
alios in aliud irritat, hos in inpotentiam, illos in
luxuriam ; hos inflat, illos mollit et totos resoluit.
2 « At bene aliquis illam fert. » Sic, quomodo uinum.
Itaque non est quod tibi isti persuadeant eum esse
felicem, qui a multis obsidetur : sic ad illum, quemadmodum ad lacum concurritur, quem exhauriunt et

de te maintenir d'accord avec toi. Chaque fois que tu voudras connaître sur expérience si tu es arrivé à quelque chose, examine si tu veux aujourd'hui exactement ce que tu voulais hier. Le changement de volonté révèle une âme à la dérive, émergeant tantôt ici tantôt là, au gré du vent. Il n'y a, pas de flottement pour ce qui est fixe et bien assis. Cette fermeté-là est le partage du sage accompli ; elle se rencontre aussi dans une certaine mesure chez celui qui progresse et qui déjà est avancé <en sagesse>. Eh bien !, où est la différence ? Celui-ci reçoit, à vrai dire, un ébranlement, mais il ne se déplace pas ; il chancelle sans lâcher pied. L'autre n'est pas même ébranlé.

Lettre 36

1 Exhorte ton ami à mépriser bravement ces gens qui lui font un crime d'avoir cherché l'ombre et le loisir, déserté par sa haute situation et, quand il pouvait obtenir davantage, subordonné tout à son repos. Avec quel sens de l'utilité il a conduit son affaire, c'est ce qu'il doit leur démontrer chaque jour. Ces hommes que l'on envie disparaîtront à la file ; les uns seront broyés, les autres tomberont. La prospérité est une chose qui ne connaît pas le repos : elle se relance elle-même. Elle dérange le cerveau [52], et de plus d'une manière ; elle attise des passions diverses : chez l'un, l'esprit de domination ; chez l'autre, l'inclination au plaisir. Ceux-ci, elle les enfle d'orgueil ; ceux-là, elle les amollit, les aplatît entièrement.

2 « Tel pourtant porte bien sa félicité. » Comme on porte bien le vin. Ne te laisse donc pas persuader par ces gens que celui-là est heureux qui se voit assiégé de tout un monde. Ils s'empressent autour de lui comme autour du réservoir que l'on épuise en troublant le fond.

---

52. Voir *Ep.*, 39, 4.

turbant. « Nugatorium et inertem uocant. » Scis quosdam peruerse loqui et significare contraria. Felicem
uocabant : quid ergo ? erat ? 3 Ne illud quidem curo,
quod quibusdam nimis horridi animi uidetur et tetrici.
Ariston aiebat malle se adulescentem tristem quam
hilarem et amabilem turbae : uinum enim bonum fieri,
quod recens durum et asperum uisum est ; non pati
aetatem, quod in dolio placuit. Sine eum tristem
appellent et inimicum processibus suis : bene se dabit
in uetustate ipsa tristitia, perseueret modo colere uir-
tutem, perbibere liberalia studia, non illa, quibus per-
fundi satis est, sed haec, quibus tingendus est animus.
4 Hoc est discendi tempus. « Quid ergo ? aliquod est,
quo non sit discendum ? » Minime : sed quemadmodum omnibus annis studere honestum est, ita non
omnibus institui. Turpis et ridicula res est elementa-
rius senex : iuueni parandum, seni utendum est. Facies
ergo rem utilissimam tibi, si illum quam optimum feceris : haec aiunt beneficia esse expetenda tribuen-
daque, non dubie primae sortis, quae tam dare prodest
quam accipere. 5 Denique nihil illi iam liberi est, spo-
pondit : minus autem turpe est creditori quam spei
bonae decoquere. Ad illud aes alienum soluendum
opus est negotianti nauigatione prospera, agrum co-
lenti ubertate eius, quam colit, terrae, caeli fauore :

53. Ariston de Chios, disciple de Zénon, a fondé, sans lendemain,
une secte philosophique.

« Un esprit puéril, un incapable, c'est ainsi qu'on l'appelle. » Tu n'ignores pas que certains brouillent tout dans leurs propos et qu'ils expriment les choses à contre-sens. Ils l'appelaient heureux. Eh quoi ! L'était-il ? 3 Je ne m'inquiète pas non plus de ce que certains le trouvent d'une humeur trop rude et trop sombre. Ariston[53] déclarait qu'un jeune homme de mine sévère lui plaisait mieux qu'un jeune homme gai et sympathique au vulgaire. « Le vin devient bon, expliquait-il, qui a semblé dur et âpre dans sa nouveauté. Il ne supporte pas l'âge, celui qui, dans la cuve, flattait le goût [54] ». Laisse dire de lui que c'est un mélancolique, un ennemi de son avancement. Cette mélancolie même fera bien, quand il aura pris de l'âge, pourvu qu'il persiste à pratiquer la vertu et à s'abreuver aux études libérales, distinction faite de celles dont il suffit de recevoir une teinture [55], et des autres dont il faut s'imprégner l'âme [56]. 4 Voici venu le temps d'apprendre. « Eh quoi ! Est-il un temps où l'on soit dispensé d'apprendre ? » Non certes, mais, s'il est beau d'étudier d'un bout à l'autre de ses ans, il ne l'est pas de rester jusqu'au bout à l'école. Un vieillard abécédaire ! chose honteuse et ridicule. C'est au jeune homme de récolter, au vieillard de profiter. Tu feras donc chose à toi bien profitable, si tu fais que ce jeune homme soit aussi accompli que possible. Les bienfaits qu'il vaut la peine de s'attirer et d'attribuer, les bienfaits vraiment de la plus haute espèce sont ceux, dit-on, qu'il est aussi avantageux d'accorder que de recevoir. 5 Enfin ton ami n'est plus libre : il a donné sa parole ; or, il serait moins déshonorant de faire banqueroute à un créancier qu'à une belle espérance. Pour solder sa dette d'argent, il faut au marchand une traversée heureuse, au cultivateur la fécondité du terroir qu'il cultive, sous un ciel clément. Pour

---

54. *Stoicorum fragm.*, I, 388.
55. L'étude de la musique et des poètes. Voir *Ep.*, 88, 3.
56. Il s'agit de la philosophie.

ille quod debet, sola potest uoluntate persolui. In
mores fortuna ius non habet. 6 Hos disponat, ut quam
tranquillissimus ille animus ad perfectum ueniat, qui
nec ablatum sibi quicquam sentit nec adiectum, sed
in eo*dem* habitu est, quomodocumque res cedunt : cui
siue adgeruntur uulgaria bona, supra res suas eminet,
siue aliquid ex istis uel omnia casus excussit, minor
non fit. 7 Si in Parthia natus esset, arcum-infans statim tenderet ; si in Germania, protinus puer tenerum
hastile uibraret ; si auorum nostrorum temporibus
fuisset, equitare et hostem comminus percutere didi-
cisset. Haec singulis disciplina gentis suae suadet
atque imperat. 8 Quid ergo huic meditandum est ?
Quod aduersus omnia tela, quod aduersus omne hos-
tium genus bene facit, mortem contemnere, quae
quin habeat aliquid in se terribile, ut et animos nostros, quos in amorem sui natura formauit, offendat,
nemo dubitat : nec enim opus esset in id comparari
et acui, in quod instinctu quodam uoluntario iremus,
sicut feruntur omnes ad conseruationem sui. 9 Nemo
discit ut, si necesse fuerit, aequo animo in rosa iaceat,
sed in hoc duratur, ut tormentis non summittat fidem,
ut, si necesse fuerit, stans etiam aliquando saucius pro
uallo peruigilet et ne pilo quidem incumbat, quia solet
obrepere interim somnus in aliquod adminiculum re-
clinatis. Mors nullum habet incommodum : esse enim
debet aliqui*d* cuius sit incommodum. 10 Quod si tanta

acquitter sa dette, il n'a besoin, lui, que de sa volonté. Sur la vie morale la fortune n'a pas de droits. **6** Qu'il organise sa vie morale afin que son âme, dans la sérénité absolue, en vienne à l'état de perfection, indifférente à tout ce qui tend à la réduire comme à l'accroître, offrant même contenance, de quelque manière que s'accomplissent les événements. Comblez cette âme des biens du vulgaire : elle domine de haut sa prospérité. Qu'un accident lui arrache une part ou la totalité de ces avantages, elle n'en est pas diminuée.

7 Si cet homme était né chez les Parthes, il s'exercerait au tir de l'arc dès sa petite enfance. Né en Germanie, et tout jeune garçon, il brandirait une framée [57] de bois tendre ; contemporain de nos aïeux, il eût appris à gouverner un cheval et à frapper l'ennemi au corps à corps. Voilà ce que l'éducation nationale conseille et impose à chacun. **8** Pour celui-ci, quel exercice va-t-il pratiquer ? Un excellent exercice de défense contre tous les assauts, contre toute espèce d'ennemis : le mépris de la mort. Que la mort ait en elle quelque chose de terrible qui blesse jusqu'à nos âmes, formées par la nature à l'amour de soi, nul n'en doute. Autrement, point ne serait besoin de se préparer et de s'aiguiser le courage pour une chose où nous serions portés d'un mouvement volontaire, comme tout homme est porté à sa propre conservation. **9** Il n'est pas besoin de leçon pour, s'il le faut, accepter de coucher sur un lit de roses. Mais on s'endurcit à ne pas laisser fléchir sa foi sous les tourments, à passer la nuit, s'il le faut, sur le rempart, debout, peut-être blessé, sans même s'appuyer sur le javelot, car d'ordinaire on se laisse prendre parfois au sommeil, quand le corps pose sur un soutien.

La mort ? Elle n'a rien de mauvais. L'effet d'une chose ne peut être mauvais, sans la présence de l'être qui ressentira cet effet [58]. **10** Eh bien !, si tu as une telle envie

---

57. Arme de jet utilisée par les Germains.
58. Voir *Ep.*, 30, 6.

cupiditas te longioris aeui tenet, cogita nihil eorum,
quae ab oculis abeunt et in rerum naturam, ex qua
prodierunt ac mox processura sunt, reconduntur, con-
sumi : desinunt ista, non pereunt et mors, quam perti-
mescimus ac recusamus, intermittit uitam, non eripit :
ueniet iterum, qui nos in lucem reponat dies, quem
multi recusarent, nisi oblitos reduceret. 11 Sed postea
diligentius docebo omnia, quae uidentur perire, mu-
tari. <Ergo> aequo animo debet rediturus exire.
Obserua orbem rerum in se remeantium : nihil uidebis
in hoc mundo extingui, sed uicibus descendere ac sur-
gere. Aestas abit, sed alter illam annus adducet :
hiemps cecidit, referent illam sui menses ; solem nox
obruit, sed ipsam statim dies abiget. Stellarum iste
discursus, quicquid praeterît, repetit : pars caeli leua-
tur assidue, pars mergitur. 12 Denique finem faciam,
si hoc unum adiecero, nec infantes [nec] pueros nec
mente lapsos timere mortem et esse turpissimum, si
eam securitatem nobis ratio non praestat, ad quam
stultitia perducit. VALE.

SENECA LVCILIO SVO SALVTEM   37

1 Quod maximum uinculum est ad bonam mentem,
promisisti uirum bonum, sacramento rogatus es. Deri-
debit *te*, si quis tibi dixerit mollem esse militiam et
facilem, nolo te decipi. Eadem honestissimi huius et
illius turpissimi auctoramenti uerba sunt : «Vri, uinciri

de te prolonger dans le temps, dis-toi que de tous les êtres qui disparaissent pour retourner au sein de la nature, d'où ils sont venus et d'où ils sortiront bientôt encore, aucun ne s'anéanti. Tout cela finit mais ne périt pas. La mort, dont nous nous effrayons, contre laquelle nous regimbons, interrompt notre existence, elle ne nous l'arrache point. De nouveau viendra un jour qui nous remettra dans le monde, et contre qui beaucoup regimberaient, si la mémoire n'était abolie chez ceux qu'il ramène [59]. 11 Je montrerai ailleurs plus en détail, qu'en fait ce qui semble périr change de forme. Or donc on est tenu de partir de bonne grâce, quand c'est pour revenir. Considère le retour circulaire des choses sur elles-mêmes : tu constateras que dans notre univers rien ne s'éteint, mais que les phénomènes ont alternativement leur déclin et leur retour. L'été est parti : l'année prochaine le ramènera. L'hiver est tombé : il reparaîtra dans sa saison. La nuit a englouti le soleil : elle-même sera tout-à-l'heure chassée par le jour. Ces étoiles que leur course éparpille ne font que revenir sur la route où elles ont passé. Perpétuellement une moitié du ciel se lève, l'autre plongeant sous l'horizon.

12 Et je finirai après cette seule remarque : ni le petit enfant ni le pauvre d'esprit ne craignent la mort. C'est la pire des hontes, si la raison ne nous garantit pas une sérénité où la déraison mène tout droit.

LETTRE 37*

1 La plus puissante des chaînes te rive à la sagesse : tu as promis en ta personne un homme de bien ; tu es enrôlé, tu as prêté serment. Ce sera se moquer de toi que de te dire : le service est doux, facile. Ne t'y laisse pas prendre. Le plus noble et le plus infâme des engagements [60]

59. Voir LUCRÈCE, *De rerum natura*, III, 856.
60. Celui qui lie le soldat à son général et le gladiateur à son recruteur.

ferroque necari. » 2 Ab illis, qui manus harenae locant
et edunt ac bibunt, quae per sanguinem reddant,
cauetur, ut ista uel inuiti patiantur : a te, ut uolens
libensque patiaris. Illis licet arma summittere, mise-
ricordiam populi temptare : tu neque summittes nec
uitam rogabis : recto tibi inuictoque moriendum est.
Quid porro prodest paucos dies aut annos lucrificare ?
sine missione nascimur. 3 « Quomodo ergo, inquis, me
expediam ? » Effugere non potes necessitates, potes
uincere.

Fit uia *ui*.

Et hanc tibi uiam dabit philosophia. Ad hanc te
confer, si uis saluus esse, si securus, si beatus, denique
si uis esse, quod est maximum, liber : hoc contingere
aliter non potest. 4 Humilis res est stultitia, abiecta,
sordida, seruilis, multis affectibus et saeuissimis sub-
iecta. Hos tam graues dominos, interdum alternis
imperantes, interdum pariter, dimittit a te sapientia,
quae sola libertas est. Vna ad hanc fert uia, et quidem
recta : non aberrabis. Vade certo gradu : si uis omnia
tibi subicere, te subice rationi. Multos reges, si ratio
te rexerit : ab illa disces, quid et quemadmodum adgredi debeas : non incides rebus. 5 Neminem mihi da-
bis qui sciat quomodo, quod uult, coeperit uelle : non
consilio adductus illo, sed impetu impactus est. Non
minus saepe fortuna in nos incurrit quam nos in illam.

---

61. D'un signe du pouce, le public pouvait faire grâce ou demander
la tête du gladiateur.

comportent la même formule : « Endurer le feu, les fers, la mort par le glaive. » **2** À l'endroit de ceux qui louent à l'arène leurs bras, qui mangent et boivent ce qu'ils doivent rendre en donnant leur sang, on se précautionne en sorte que, même contre leur gré, ils souffrent ces épreuves ; de toi, on attend que tu souffres librement et de bon coeur. À eux il est loisible de mettre bas les armes, de tenter la pitié du peuple [61]. Toi, tu ne jetteras pas tes armes, tu ne demanderas pas la vie, ton devoir cet de mourir debout, invaincu. Que sert, au surplus, de gagner quelques jours, quelques années ? Nous venons au monde sans espoir de grâce.

3 « Comment alors, dis-tu, me tirerai-je d'affaire ? » Échapper aux nécessités, cela ne t'est pas possible. Il t'est possible d'en triompher.

« De vive force on s'ouvre un chemin [62]. »

La philosophie t'ouvrira ce chemin. Réfugie-toi auprès d'elle, si tu veux connaître la sécurité, la tranquillité d'esprit, le bonheur, si tu veux, ce qui constitue l'état le plus parfait, être libre. Cet état ne s'obtient pas autrement. **4** Chose basse que la déraison, ignoble, abjecte, servile, exposée à une multitude de passions, je dis les plus terribles. Ces dominatrices si dures, qui commandent tantôt à tour de rôle, tantôt de concert, la sagesse les écarte de toi, elle seule étant la liberté. Une route unique conduit vers elle, une route directe : tu ne t'égareras point. Va d'un pas résolu. Si tu veux te soumettre toutes choses, soumets-toi à la raison. Tu dirigeras bien des esprits, si la raison te dirige. Tu apprendras d'elle ce qu'il te faut entreprendre, par quels moyens ; tu ne tomberas pas <à l'improviste> au milieu des événements. **5** Tu ne me citeras pas un homme qui sache comment il a commencé de vouloir ce qu'il veut : la réflexion ne l'y a point amené, il s'y est heurté de prime saut. La fortune ne se porte pas

---

62. Virgile, *Énéide*, II, 494.

Turpe est non ire, sed ferri et subito in medio turbine
rerum stupentem quaerere : « Huc ego quemadmodum
ueni ? » VALE.

SENECA LVCILIO SVO SALUTEM   88

1 Merito exigis, ut hoc inter nos epistularum com-
mercium frequentemus. Plurimum proficit sermo, quia
minutatim inrepit animo : disputationes praeparatae
et effusae audiente populo plus habent strepitus, minus familiaritatis. Philosophia bonum consilium est :
consilium nemo clare dat. Aliquando utendum est et
illis, ut ita dicam, contionibus, ubi qui dubitat, impel-
lendus est : ubi uero non hoc agendum est, ut uelit discere, sed ut discat, ad haec submissiora uerba ueniend-
dum est. Facilius intrant et haerent : nec enim multis
opus est, sed efficacibus. 2 Seminis modo spargenda
sunt, quod quamuis sit exiguum, cum occupauit ido-
neum locum, uires suas explicat et ex minimo in maxi-
mos auctus diffunditur. Idem facit ratio : non late
patet, si aspicias ; in opere crescit. Pauca sunt, quae
dicuntur, sed si illa animus bene excepit, conualescunt
et exsurgunt. Eadem est, inquam, praeceptorum con-
dicio quae seminum : multum efficiunt, et si angusta
sunt. Tantum, ut dixi, idonea mens rapiat illa et in se
trahat : multa inuicem et ipsa generabit et plus reddet
quam acceperit. VALE.

sur nous moins souvent que nous sur elle. Il y a honte à se laisser entraîner au lieu d'aller son pas, et, soudainement plongé dans le tourbillon des événements, à demander avec stupeur : « Comment, moi, suis-je ici ? »

LETTRE 38*

1 Tu as raison d'exiger que nous resserrions notre commerce épistolaire. Le libre entretien est du plus grand profit, parce qu'il s'insinue petit à petit dans l'âme. Les discussions préparées, à grands développements, avec tout un publie pour auditoire, ont plus de résonance, moins de familiarité. La philosophie, c'est le bon conseil. Un conseil ne se donne jamais à pleine voix. Dans certains cas, il faut user de ce que je puis bien appeler les harangues de tribune, quand l'interlocuteur hésite et qu'il a besoin d'une impulsion. Aussi bien, s'il ne s'agit pas de lui donner la volonté de s'instruire mais de l'instruire, c'est, comme ici entre nous, un ton plus bas qu'il faut prendre. De cette manière, les paroles pénètrent et se gravent plus facilement ; on ne les demande pas abondantes, mais efficaces.

2 Répandons-les comme la semence qui, toute menue, tombée du reste dans un bon terrain, déploie sa vigueur et, naguère misérable graine, atteint en se propageant un développement merveilleux. Ainsi fait la raison. Son enseignement ne s'étend pas bien loin, au premier aspect : à l'œuvre, il gagne en portée. On se borne à peu de mots, mais, si c'est une âme bien prête qui a recueilli ces vérités, elles croissent en force, et le germe lève. Oui, il en est des Préceptes comme de la graine semée : ils produisent beaucoup tout en ne tenant qu'une place réduite. Il ne faut, comme je le disais, qu'une âme bien disposée qui s'en saisisse et se les assimile. Puis, à son tour, elle-même enfantera bien des vérités, et rendra plus qu'elle n'aura reçu.

1 Commentarios, quos desideras, diligenter ordina-
tos et in angustum coactos ego uero componam : sed
uide, ne plus profutura sit ratio ordinaria quam haec,
quae nunc uulgo breuiarium dicitur, olim cum latine
loqueremur, summarium uocabatur. Illa res discenti
magis necessaria est, haec scienti : illa enim docet,
haec admonet. Sed utriusque rei tibi copiam faciam ;
tu a me non est quod illum aut illum exigas : qui no-
torem dat, ignotus est. **2** Scribam ergo quod uis, sed
meo more. Interim multos habes, quorum scripta nescio an satis ordinentur. Sume in manus indicem phi-
losophorum : haec ipsa res expergisci te coget, si uideris, quam multi tibi laborauerint. Concupisces et ipse
ex illis unus esse : habet enim hoc optimum in se gene-
rosus animus, quod concitatur ad honesta. Neminem
excelsi ingenii uirum humilia delectant et sordida :
magnarum rerum species ad se uocat et extollit.
3 Quemadmodum flamma surgit in rectum, iacere ac
deprimi non potest, non magis quam quiescere, ita
noster animus in motu est, eo mobilior et actuosior
quo uehementior fuerit. Sed felix qui ad meliora hunc
impetum dedit : ponet se extra ius dicionemque fortunae ; secunda temperabit, aduersa comminuet et aliis

Lettre 39*

1 Tu demandes un résumé de philosophie où l'on se soit attaché à l'ordre et à la concision : eh bien ! oui, je le composerai. Vois cependant si le système de l'exposition suivie ne vaudrait pas mieux que ce mode de classement qui est appelé « Breviarium » [abrégé] dans l'usage courant, et qui, jadis, quand nous parlions latin, s'intitulait «summarium» [somme, sommaire]. La première méthode est indispensable plutôt à qui cherche le savoir ; la seconde, à qui le possède : cours d'enseignement d'un côté, aide-mémoire de l'autre. Au reste, je te livrerai les deux modèles. Ne réclame pas de moi tel ou tel garant de mon procédé : donner à l'infinitif son répondant, c'est bon pour un inconnu.

2 J'écrirai donc ce que tu veux, mais à ma façon.

En attendant, les auteurs ne te manquent pas, quoique l'ordre n'y soit peut-être pas toujours parfait. Prends en main une table des philosophes [63]. Cette lecture te sera déjà un vif stimulant. Tu verras combien de penseurs ont peiné pour toi ; l'envie te prendra de compter à ton tour ces hommes. En effet, la plus belle vertu d'une âme généreuse, c'est l'élan qui la porte au bien. Un esprit sublime ne serait trouver son plaisir dans le bas et l'ignoble. L'idée du grand l'attire, l'exalte. **3** De même que la flamme monte droite, sans ramper ou retomber jamais, comme aussi sans chômer jamais, de même notre âme est dans un mouvement continuel ; elle sera d'autant plus alerte et active qu'elle aura plus d'ardeur. Heureux cependant l'homme qui a dirigé vers de hauts objets cette impétuosité naturelle ! Il se placera hors de la souveraineté, hors de l'arbitraire de la fortune. Il tempérera le succès, sapera l'adversité et fera fi de ce qui s'impose à l'admiration d'autrui.

63. Les débris d'un pareil catalogue ont été retrouvés à Herculanum (Paul Veyne, *op. cit.*, p. 689, note 1).

admiranda despiciet. **4** Magni animi est magna contemnere ac mediocria malle quam nimia. Illa enim utilia uitaliaque sunt : at haec eo, quod superfluunt, nocent. Sic segetem nimia sternit ubertas, sic rami <nimio> onere franguntur, sic ad maturitatem non peruenit nimia fecunditas. Idem animis quoque euenit, quos inmoderata felicitas rumpit, qua non tantum in aliorum iniuriam, sed etiam in suam utuntur. **5** Qui hostis in quemquam tam contumeliosus fuit quam in quosdam uoluptates suae sunt? Quorum impotentiae atque insanae libidini ob hoc unum possis ignoscere, quod, quae fecere, patiuntur. Nec inmerito hic illos furor uexat : necesse est enim in inmensum exeat cupiditas, quae naturalem modum transilit. Ille enim habet suum finem, inania et ex libidine orta sine termino sunt. **6** Necessaria metitur utilitas : superuacua quo redigis? Voluptatibus itaque se mergunt, quibus in consuetudinem adductis carere non possunt, et ob hoc miserrimi sunt, quod eo peruenerunt, ut illis quae superuacua fuerant, facta sint necessaria. Seruiunt itaque uoluptatibus, non fruuntur, et mala sua, quod malorum ultimum est, amant. Tunc autem est consummata infelicitas, ubi turpia non solum delectant, sed etiam placent, et desinit esse remedio locus, ubi quae fuerant uitia, mores sunt. Vale.

4 C'est le propre d'une âme grande de mépriser les grandeurs et de préférer le juste milieu à l'excès : l'un s'en tient à l'utilité, aux nécessités vitales ; mais l'autre, parce qu'il implique surabondance, fait du mal. Ainsi, trop pressés, les épis versent ; ainsi la branche trop chargée se brise ; ainsi une fécondité trop forte arrête le développement du fruit. Il en advient de même aux âmes, que rompt une prospérité sans mesure dont elles se servent non seulement contre les autres, mais à leur propre préjudice.

5 Jamais ennemi a-t-il infligé à personne autant d'outrages que certains en reçoivent de leurs plaisirs ? Passions déréglées, déportements insensés auxquels on ne pourrait pardonner, si les coupables n'étaient en même temps des victimes. C'est à bon droit néanmoins que cette frénésie les tourmente, puisque fatalement la passion s'égare par-delà toutes bornes, dès qu'elle franchît la juste mesure naturelle. Cette juste mesure a son terme tracé ; les vaines idées que la passion enfante sont sans limites. 6 Le nécessaire a pour mesure l'utile. Mais la superfluité, à quelle règle la réduis-tu ? Et c'est ainsi qu'ils se plongent dans les plaisirs, s'en font une habitude et ne peuvent plus s'en passer, extrêmement misérables pour en être arrivé à un point où ce qui leur avait été du superflu leur est devenu le nécessaire. Esclaves du plaisir, ils n'en jouissent pas, et de leurs maux, pour dernier malheur, ils ne laissent pas d'être amoureux. Or, c'est la consommation de l'infélicité, quand aux honteux excès on se livre non plus seulement pour le plaisir, mais par goût : il n'y a plus de remède quand les vices d'hier sont devenus les mœurs d'aujourd'hui.

SENECA LVCILIO SVO SALVTEM   **40**

1 Quod frequenter mihi scribis, gratias ago : nam
quo uno modo potes, te mihi ostendis. Numquam
epistulam tuam accipio, ut non protinus una simus.
Si imagines nobis amicorum absentium iucundae
sunt, quae memoriam renouant et desiderium absen-
tiae falso atque inani solacio leuant, quanto iucun-
diores sunt litterae, quae uera amici absentis uestigia,
ueras notas adferunt ſ Nam quod in conspectu dulcis-
simum est, id amici manus epistulae inpressa praestat,
agnoscere.

2 Audisse te scribis Serapionem philosophum, cum
istuc adplicuisset : « Solet magno cursu uerba conuel-
lere, quae non effundit, sed premit et urguet : plura
enim ueniunt quam quibus uox *una* sufficiat. » Hoc
non probo in philosopho, cuius pronuntiatio quoque,
sicut uita, debet esse composita : nihil autem ordina-
tum est, quod praecipitatur et properat. Itaque oratio
illa apud Homerum concitata et sine intermissione in
morem niuis *hibernae* ueniens <iuueni> oratori data
est, lenis et melle dulcior seni profluit. 3 Sic itaque
habe, [ut] istam uim dicendi rapidam atque abundan-
tem aptiorem esse circulanti quam agenti rem magnam ac seriam docentique. Aeque stillare illum nolo
quam currere : nec extendat aures nec obruat. Nam

LETTRE 40

1 Tu m'écris souvent et je t'en sais gré, car <ainsi> tu te montres à moi par le seul moyen dont tu disposes. Chaque fois que ta lettre m'arrive, nous voilà tout de suite ensemble [64]. Si nous sommes contents d'avoir les portraits de nos amis absents, par les souvenirs qu'ils renouvellent, si cette consolation mensongère et vaine allège le regret d'être loin d'eux, comme une lettre nous réjouit davantage, puisqu'elle apporte des marques vivantes de l'absent, l'empreinte authentique de sa personne ! La trace d'une main amie, imprimée sur les pages, assure ce qu'il y a de plus doux dans la présence : retrouver.

2 Tu m'écris que tu as été entendre le philosophe Sérapion, quand il faisait escale en Sicile. « Son éloquence va grand train. Elle lui arrache une masse de mots qui ne s'épanchent pas d'un cours uniforme, c'est une presse, un écrasement, car il en vient trop pour la capacité d'un unique gosier. » Je n'approuve pas ce procédé chez un philosophe, dont l'élocution même, comme la conduite, doit être réglée. Or, la précipitation, l'excès de mouvement excluent tout principe d'ordre ; c'est pour cette raison qu'Homère prête à un jeune orateur ces paroles passionnées qui arrivent sans arrêt comme flocons de neige en hiver, tandis que des lèvres du vieillard la parole coule avec lenteur, plus douce que le miel [65]. **3** Sois donc bien persuadé que fougue oratoire impétueuse et débordante sied mieux à un conférencier ambulant qu'à quelqu'un qui traite une œuvre grande et sérieuse, et qui instruit : pour celui-là, je ne veux pas plus d'une éloquence qui distille les mots que d'une éloquence à toute allure. Qu'il ne m'oblige pas à tendre l'oreille, et qu'il ne l'encombre

---

64. Voir *Ep.*, 67, 2.
65. HOMÈRE, *Iliade*, III, 222.

illa quoque inopia et exilitas minus intentum audito-
rem habet taedio interruptae tarditatis ; facilius tamen insidit, quod exspectatur, quam quod praeteruo-
lat. Denique tradere homines discipulis praecepta dicuntur : non traditur quod fugit. 4 Adice nunc, quod
quae ueritati operam dat oratio, et composita esse debet et simplex : haec popularis nihil habet ueri.
Mouere uult turbam et inconsultas aures impetu ra-
pere, tractandam se non praebet, aufertur : quomodo
autem regere potest, quae regi non potest ? Quid,
quod haec oratio, quae sanandis mentibus adhibetur,
descendere in nos debet ? Remedia non prosunt, nisi
immorantur. 5 Multum praeterea habet inanitatis et
uani, plus sonat quam ualet. Lenienda sunt, quae me
exterrent, compescenda, quae irritant, discutienda,
quae fallunt, inhibenda luxuria, corripienda auaritia :
quid horum raptim potest fieri ? Quis medicus aegros
in transitu curat ? Quid, quod ne uoluptatem quidem
ullam habet talis uerborum sine delectu ruentium
strepitus ? 6 Sed ut pleraque, quae fieri posse non credideris, cognouisse satis est, ita istos, qui uerba exercuerunt, abunde est semel audisse. Quid enim quis discere, quid imitari uelit ? Quid de eorum animo iudicet, quorum oratio perturbata et inmissa est nec potest reprimi ? 7 Quemadmodum per procliue curren-
tium non ubi uisum est, gradus sistitur, sed, incitato
corporis pondere, se rapit ac longius quam uoluit
effertur : sic ista dicendi celeritas nec in sua potestate est nec satis decora philosophiae, quae ponere
debet uerba, non proicere, et pedetemptim procedere.

pas. De son côté, la pauvreté, la sécheresse du débit rend l'auditeur moins attentif, ennuyé qu'il est de ces pauses, de cette lenteur ; toutefois, une pensée qui tarde à venir se fixe plus facilement dans l'esprit que celle qu'il faut saisir au vol. Enfin, si les maîtres ont pour rôle, dit-on, de communiquer des préceptes, n'est pas communiqué ce qui s'enfuit.

4 Considère en outre que la parole qui travaille pour la vérité doit être à la fois réglée et tout unie. L'éloquence populaire n'a aucun rapport avec le vrai. Que veut-elle ? Remuer la foule, entraîner par un coup de surprise des auditeurs sans jugement ; elle ne se prête pas à l'épluchage, elle tire au large : or, comment pourrait-elle gouverner, quand elle n'admet pas de gouverne ? Et ne voit-on pas que le discours qui a pour objet la guérison des âmes doit descendre au fond de nous-mêmes ? Un remède ne profite que s'il séjourne. **5** Mais quel vide, quel néant ! Plus de bruit là-dedans que de bons effets ! Calmez donc mes terreurs ; réfrénez les passions irritantes dissipez les préjugés, réprimez le penchant à la mollesse, secouez l'avarice. Est-ce que cela se fait à la volée ? Est-ce en passant qu'un médecin traite ses malades ? Et puis, un tel fracas de mots arrivant en trombe et sans choix ne donne même pas le moindre plaisir. **6** Pour beaucoup des tours de force qu'on croirait impossibles, il suffit de les avoir vu exécuter. De même, ces baladins de la parole, il est plus que suffisant de les avoir une fois entendus. Que voudrait-on apprendre, que voudrait-on imiter <d'eux> ? Que penser de leur âme, alors que leur discours n'est que désarroi, emportement ingouvernable ?

7 Celui qui court sur une pente ne s'arrête pas du coup au but qu'il s'est fixé : par la vitesse acquise de son corps, il brûle le pavé, il est emporté plus loin qu'il ne voulait. Ainsi, cette volubilité de langage n'a point puissance sur elle-même et n'honore guère la philosophie, qui doit poser la parole, non la projeter, et cheminer pas à pas.

8 « Quid ergo ? non aliquando et insurget ? » Quidni ?
sed salua dignitate morum, quam uiolenta ista et
nimia uis exuit. Habeat uires magnas, moderatas tamen : perennis sit unda, non torrens. Vix oratori per-
miserim talem dicendi uelocitatem inreuocabilem ac
sine lege uadentem : quemadmodum enim iudex subse-
qui poterit aliquando etiam imperitus et rudis ? Tum
quoque, cum illum aut ostentatio abstulerit aut affectus sui impetus, tantum festinet atque ingerat, quantum aures pati possunt. **9** Recte ergo facies, si non
audieris istos, qui quantum dicant, non quemadmodum quaerunt, et ipse malueris, si necesse est, ut
P. Vinicius dicere. « Qui itaque ? » Cum quaereretur,
quomodo P. Vinicius diceret, Asellius ait : « tractim ».
Nam Geminus Varius ait : « Quomodo istum disertum
dicatis, nescio : tria uerba non potest iungere. » Quidni
malis tu sic dicere, quomodo Vinicius ? **10** Aliquis
tam insulsus interuenerit quam qui illi singula uerba
uellenti, tamquam dictaret, non diceret, ait : « dic ;
numquidnam dicas ? » Nam Q. Hateri cursum, suis temporibus oratoris celeberrimi, longe abesse ab homine
sano uolo : numquam dubitauit, numquam intermisit;
semel incipiebat, semel desinebat. **11** Quaedam tamen

66. Orateur et consul du début de l'ère chrétienne.

8 « Eh quoi !, ne lui arrivera-t-il pas aussi de hausser le ton ? » Sans nul doute, mais à condition de ne point compromettre sa dignité morale, dont cette éloquence véhémente et brutale fait abandon. Qu'il y ait dans le style philosophique une grande force, mais tempérée : flot d'eau vive, non torrent.

C'est à peine si je permettrais à l'orateur lui-même une telle vélocité d'élocution, sans retour sur soi de la pensée, une telle liberté d'allure. Le juge, en effet, pourra-t-il suivre, s'il se trouve, par surcroît, lourdaud et novice ? Même si le besoin d'un effet à produire ou sa passion déchaînée emportent l'orateur, qu'il ne hâte, qu'il ne bourre son débit que dans la mesure où l'oreille peut le souffrir.

9 Tu feras donc sagement de ne pas ouïr ces gens qui visent à la quantité dans leurs discours, non à la qualité. Suis plutôt, à la rigueur, la manière d'un P. Vinicius [66]. « Et quelle était-elle ? » On demandait un jour comment il parlait. « En traînassant », dit Arellius. De son côté, Geminus Varius [67] a eu ce mot : « Vous lui trouvez du talent, je ne sais pourquoi : il ne peut coudre trois mots ensemble. » Pourquoi ne préférerais-tu pas la manière de Vinicius ? **10** Il surviendrait peut-être quelque mauvais plaisant, comme celui qui, voyant notre homme arracher ses mots un à un, comme s'il ne les disait pas, mais les dictait, lui lança : « Dis donc un peu ! pourrais-tu dire enfin quelque chose ? » Quant à l'éloquence au galop d'un Q. Haterius [68], orateur très réputé en son temps, je veux qu'un homme sensé la tienne bien loin de soi : jamais une hésitation, jamais une pause ; il débutait, il terminait, tout d'une tire.

11 J'estime, à la vérité, que selon les races aussi certaines méthodes conviennent plus ou moins. On

67. Le premier fut un célèbre rhéteur qui eut Papirius Fabianus pour élève. Le second, également très grand orateur (selon saint Jérôme), fut par deux fois légat d'Auguste.

68. Consul suffect et rhéteur fameux.

et nationibus puto magis aut minus conuenire : in
Graecis hanc licentiam tuleris ; nos etiam cum scribi-
mus, interpungere adsueuimus. Cicero quoque noster,
a quo Romana eloquentia exiluit, gradarius fuit. Romanus sermo magis se circumspicit et aestimat prae-
betque aestimandum. 12 Fabianus, uir egregius et
uita et scientia et, quod post ista est, eloquentia quoque, disputabat expedite magis quam concitate, ut
posses dicere facilitatem esse illam, non celeritatem.
Hanc ego in uiro sapiente recipio, non exigo ; ut oratio
eius sine impedimento exeat, proferatur tamen malo
quam profluat. 13 Eo autem magis te deterreo ab isto
morbo, quod non potest tibi ista res contingere aliter
quam si te pudere desierit : perfrices frontem oportet
et te ipse non audias. Multa enim inobseruatus ille cur-
sus feret, quae reprehendere uelis. 14 Non potest, inquam, tibi contingere res ista salua uerecundia. Praeterea exercitatione opus est cotidiana et a rebus stu-
dium transferendum est ad uerba. Haec autem etiam
si aderunt et poterunt sine ullo tuo labore decurrere,
tamen temperanda sunt : nam quemadmodum sapienti uiro incessus modestior conuenit, ita oratio pressa,
non audax. Summa ergo summarum haec erit : tardi-
loquum esse te iubeo. VALE.

passerait aux Grecs l'abus que je blâme. Pour nous, c'est une habitude, même en écrivant, de ponctuer de repos la phrase. L'homme qui a donné à l'éloquence romaine son essor, notre Cicéron lui-même, allait au pas. Le langage romain se surveille davantage ; il s'apprécie et s'offre à l'appréciation.

12 Fabianus [69] était un personnage éminent par <la dignité de> sa vie, par son savoir, comme aussi par un mérite qui ne vient qu'après ces deux-ci : l'éloquence. Il disputait avec aisance, plutôt qu'avec animation ; c'était facilité, pouvait-on dire, ce n'était, pas célérité. Ce don de facilité, je l'accepte chez le sage, je ne l'exige pas. Étant admis que son discours se développe sans encombre, un débit mesuré me plait mieux que des flots débordants. **13** J'ai d'autant plus à cœur de te soustraire à la maladie <de la fausse éloquence> que dans cette affaire tu ne peux autrement réussir qu'en perdant le respect de toi-même. Tu auras à te faire un front d'airain, à ne point t'entendre parler ; car cette course irréfléchie entraînera bien des choses que tu voudrais rattraper. **14** Tu ne peux, je le répète, réussir en cette affaire-là qu'aux dépens de ton honneur. Et puis on est tenu à des exercices journaliers ; de l'étude des choses il faut passer à celle des mots. Même si les mots se présentent d'eux-mêmes, s'ils se déroulent sans te demander aucune peine, il faut néanmoins en régler le cours. À l'homme sage convient, ainsi qu'une démarche vraiment modeste, un discours serré, sans rien d'aventureux. En somme et au total je te commande d'être lent à parler.

---

69. Orateur et philosophe de la génération qui précède Sénèque. Dans les *Lettres*, Sénèque évoque ses livres sur la politique et la philosophie. Voir, par exemple, *Ep.*, 100, 1 et 100, 8-9.

1 Facis rem optimam et tibi salutarem, si, ut scribis, perseueras ire ad bonam mentem, quam stultum
est optare, cum possis a te impetrare. Non sunt ad caelum eleuandae manus nec exorandus aedit́uus, ut nos
ad aurem simulacri, quasi magis exaudiri possimus,
admittat : prope est a te deus, tecum est, intus est.
2 Ita dico, Lucili : sacer intra nos spiritus sedet, malorum bonorumque nostrorum obseruator et custos :
hic prout a nobis tractatus est, ita nos ipse tractat. Bonus uero uir sine deo nemo est : an potest aliquis supra
fortunam nisi ab illo adiutus exsurgere ? Ille dat con-
silia magnifica et erecta : in unoquoque uirorum bonorum

> Quis deus incertum est, habitat deus.

3 Si tibi occurrerit uetustis arboribus et solitam
altitudinem egressis frequens lucus et conspectum
caeli ramorum aliorum alios protegentium <prouen-
tu> summouens, illa proceritas siluae et secretum
loci et admiratio umbrae in aperto tam densae atque
continuae fidem tibi numinis faciet. Si quis specus
saxis penitus exesis montem suspenderit, non manu
factus , sed naturalibus causis in tantam laxitatem ex-
cauatus, animum tuum quadam religionis suspicione
percutiet. Magnorum fluminum capita ueneramur ;
subita ex abdito uasti amnis eruptio aras habet ; co-
luntur aquarum calentium fontes, et stagna quaedam

Lettre 41*

1 Tu fais chose excellente et qui te sera salutaire, si, comme tu me l'écris, tu t'achemines avec persévérance vers cette sagesse qu'il serait déraisonnable d'appeler par des vœux, alors que tu peux l'obtenir de toi-même. Il ne s'agit pas d'élever les mains vers le ciel, de décider un sacristain à nous laisser arriver jusqu'à l'oreille de la statue, comme si de cette façon nous pouvions nous faire mieux entendre [70] : Dieu est près de toi ; il est avec toi ; il est en toi. **2** Oui, Lucilius : un auguste esprit réside à l'intérieur de nous-mêmes, qui observe et contrôle le mal et le bien de nos actions. Comme nous l'avons traité il nous traite. Homme de bien, aucun ne l'est, en vérité, sans l'intervention de Dieu. Qui donc, s'il n'avait eu de lui assistance, pourrait surmonter la fortune ? C'est lui qui inspire les grands, les héroïques desseins. Dans le cœur de chaque homme de bien « un dieu habite. Quel est-il ? Nulle certitude; mais c'est un dieu [71] ».

3 Si tu arrives devant une futaie antique d'une hauteur extraordinaire, bois sacré où la multiplication et l'entrelacs des branches dérobent la vue du ciel, la grandeur des arbres, la solitude du lieu, le spectacle impressionnant de cette ombre si épaisse et si continue au milieu de la libre campagne te feront croire à une divine présence. Cet antre tient sur des rocs profondément minés une montagne suspendue ; il n'est pas de main d'homme ; des causes naturelles ont créé l'énorme excavation : le sentiment d'un religieux mystère saisira ton âme. Nous vénérons la source des grands fleuves : des autels marquent la place où une rivière souterraine a soudain largement jailli. On honore d'un culte les sources d'eaux thermales. La sombre couleur, l'insondable profondeur

70. Voir *Ep.*, 10, 5.
71. Virgile, *Énéide*, VIII, 352.

uel opacitas uel inmensa altitudo sacrauit. 4 Si hominem uideris interritum periculis, intactum cupiditatibus, inter aduersa felicem, in mediis tempestatibus
placidum, ex superiore loco homines uidentem, ex
aequo deos, non subibit te ueneratio eius? Non dices :
« Ista res maior est altiorque quam ut credi similis
huic, in quo est, corpusculo possit » ? 5 Vis isto diuina
descendit : animum excellentem, moderatum, omnia
tamquam minora transeuntem, quicquid timemus op-
tamusque ridentem, caelestis potentia agitat. Non
potest res tanta sine adminiculo numinis stare : itaque
maiore sui parte illic est, unde descendit. Quemadmodum radii solis contingunt quidem terram, sed ibisunt,
unde mittuntur, sic animus magnus ac sacer et in
hoc demissus, ut propius quaedam diuina nossemus,
conuersatur quidem nobiscum, sed haeret origini
suae : illinc pendet, illuc spectat ac nititur, nostris tamquam melior interest. 6 Quis est ergo hic animus ? Qui
nullo bono nisi suo nitet. Quid enim est stultius quam
in homine aliena laudare? Quid eo dementius, qui ea
miratur, quae ad alium transferri protinus possunt ?
Non faciunt meliorem equum aurei freni. Aliter leo
aurata iuba mittitur, dum contractatur et ad patientiam recipiendi ornamenti cogitur fatigatus, aliter
incultus, integri spiritus : hic scilicet impetu acer,

de leurs eaux ont conféré à certains étangs un caractère sacré [72]. **4** Et si tu vois un homme que le péril n'effraie point, que les passions n'ont point touché, qui, heureux dans l'adversité, paisible au milieu des tempêtes, voit de haut les hommes, les dieux à son niveau, tu ne seras pas pénétré pour lui de vénération ? Tu ne diras pas : « Il y a là un principe trop puissant, trop sublime pour qu'on puisse l'apparenter au misérable corps dans lequel il est contenu ? » **5** Une force divine est descendue là. Cette âme d'élite, qui se gouverne, qui regarde toutes choses comme au-dessous d'elle et passe, qui se rit de tout ce que nous redoutons ou souhaitons, une puissance céleste la conduit : un être d'une telle excellence ne se conserverait pas sans un appui providentiel. Aussi tient-il, par la meilleure partie de lui-même, au lieu d'où il est émané. De même que les rayons du soleil, bien qu'ils touchent notre globe, adhèrent au foyer qui les émet, de même, cette âme grande et sainte, envoyée ici-bas pour nous faire connaître de plus près quelque chose du monde divin, a, en vérité, commerce avec nous, mais sans briser avec son origine. Comme elle relève du ciel, c'est vers le ciel qu'elle regarde et s'efforce. Elle hante notre milieu, mais en se disant qu'elle est de qualité supérieure.

6 Cette âme, quelle est-elle donc ? C'est l'âme qui n'emprunte qu'à son fonds les biens dont elle brille. En effet, quoi de plus déraisonnable que de vanter dans un homme ce qui lui est étranger ? Est-il plus grand fou que l'admirateur de ce qui instantanément peut se transférer à un autre ? Frein doré ne fait pas meilleur cheval. Le lion dont on a doré la crinière, qu'on a fatigué en le tiraillant, en le contraignant à supporter sa parure, ne débouche pas dans l'arène avec la mine de celui qui est sans apprêt, qui a gardé toute sa fierté. Eh oui ! Fougueux, ardent, tel que l'a fait la nature, sans autre prestige dans sa majesté

---

72. Transparaissent ici quelques-uns des éléments de la religion romaine et non les motifs anachroniques (comme le fait remarquer Paul VEYNE, *op. cit.*, p. 694, note 4) d'un quelconque préromantisme.

qualem illum natura esse uoluit, speciosus ex horrido,
cuius hic decor est, non sine timore aspici, praefertur
illi languido et bratteato. 7 Nemo gloriari nisi suo
debet. Vitem laudamus, si fructu palmites onerat, si ipsa
pondere ad terram eorum, quae tulit, adminicula
deducit : num quis huic illam praeferret uitem,
cui aureae uuae, aurea folia dependent ? Propria uirtus est in uite fertilitas : in homine quoque id laudan-
dum est, quod ipsius est. Familiam formonsam habet
et domum pulchram, multum serit, multum fenerat :
nihil horum in ipso est, sed circa ipsum. 8 Lauda in illo,
quod nec eripi potest nec dari, quod proprium hominis
est. Quaeris quid sit ? Animus et ratio in animo perfecta. Rationale enim animal est homo : consummatur
itaque bonum eius, si id impleuit, cui nascitur. 9 Quid
est autem, quod ab illo ratio haec exigat ? Rem facilli-
mam, secundum naturam suam uiuere. Sed hanc diffi-
cilem facit communis insania : in uitia alter alterum
trudimus. Quomodo autem reuocari ad salutem possunt, quos nemo retinet, populus impellit ? VALE.

sauvage que la peur qu'inspire son aspect, celui-ci est mis au-dessus de l'autre, languissant et pailleté d'or.

7 On ne doit jamais tirer gloire que de ce qui est bien à soi. Nous disons qu'une vigne est belle, quand les pampres chargés de fruits, sous le poids des grappes qu'elle a produites, elle abaisse les échalas mêmes vers la terre. Lui préférerait-on cette autre vigne d'où pendent des raisins d'or, des feuilles d'or ? La vertu propre d'une vigne est la fertilité. Dans l'homme pareillement, ce qu'il faut vanter, c'est ce qui est de l'homme même. Il a un beau personnel d'esclaves, une belle maison, des terres étendues, des capitaux productifs : rien de ceci n'est en sa personne, mais à l'entour de sa personne. **8** Vante chez lui ce qui ne peut être ni ravi ni donné, ce qui est le propre de l'homme.

Son propre, demandes-tu, quel est-il ? L'âme et, dans l'âme, une raison parfaite ; car l'homme est un être doué de raison. Son bien est donc au point d'achèvement le plus haut, s'il a fait pleinement ce pourquoi il vient au monde.

9 Mais qu'est-ce que cette raison exige de lui ? Une chose très facile: vivre selon sa nature. Ce qui en fait chose difficile, c'est une commune démence : on se pousse l'un l'autre dans le vice. Or, comment rappeler au chemin du salut, ceux que personne ne retient, à qui la masse donne l'élan ?

Bibliographie sommaire

• **Quelques éditions et traductions françaises :**

Lettres à Lucilius, trad. Henri Noblot, Les Belles Lettres, CUF, 5 vol., 1945-1964.

Lettres à Lucilius, in Sénèque, *Entretiens, Lettres à Lucilius*, avant-propos de Paul Veyne, trad. Henri Noblot (revue par P. Veyne), Robert Laffont, coll. Bouquins, 1993.

Lettres à Lucilius (1-29), trad. inédite, introduction et notes par Marie-Ange Jourdan-Gueyer, GF Flammarion, 1992.

Lettres à Lucilius (71-74) (p. 775 sq.), trad. Émile Bréhier, in *Les Stoïciens*, Gallimard, Bibliothèque de la Pléiade, 1962.

Lettres à Lucilius (choix de lettres), trad. Cyril Morana, Mille et une Nuits, 2002.

Apprendre à vivre : Lettres à Lucilius (choix de 56 lettres), sous la direction d'Alain Golomb, Arléa, 2001.

Lettres à Lucilius (choix de lettres), trad. Pierre Miscevic, Press Pocket, coll. Agora, 1990.

• **Sur le contexte historique :**

TACITE, *Annales*, édition de Pierre Grimal, Gallimard, coll. Folio classique, 1993.

SUÉTONE, *Vies des douze césars* (Claude-Néron*)*, Les Belles Lettres, coll. Classiques en poche, 1996.

Eugen CIZEK, *Néron*, Fayard, 1982, rééd. Marabout Université, 1988.

Henri-Irénée MARROU, *Histoire de l'éducation dans l'Antiquité,* Seuil, coll. Points, 1981.

• **Sur le stoïcisme en général :**

Jean-Marie ANDRÉ, *La Philosophie à Rome*, PUF, 1977.

Émile BRÉHIER, *Introduction à l'étude du stoïcisme*, in *Les Stoïciens*, Gallimard, Bibliothèque de la Pléiade, 1962.

—, *Histoire de la philosophie*, tome I, PUF, coll. Quadrige, 1981.

—, *La Théorie des incorporels dans l'ancien stoïcisme*, Vrin, 1970.

Michel FOUCAULT, *Histoire de la sexualité*, tome III, *Le Souci de soi,* Gallimard, Bibliothèque des histoires, 1984.

Victor GOLDSCHMIDT, *Le Système stoïcien et l'idée de temps*, Vrin, 1985.

Bernard GROETHUYSEN, *La Philosophie gréco-romaine de la vie*, in *Anthropologie philosophique*, Gallimard, coll. Tel, 1980.

Ilsetraut HADOT, *Arts libéraux et philosophie dans la pensée antique*, Études augustiniennes, 1984.

Pierre HADOT, *La Philosophie comme manière de vivre* (entretiens avec J. Carlier et A. I. Davidson), Albin Michel, coll. Itinéraires du savoir, 2001.

—, *Exercices spirituels et philosophie antique*, nouv. éd., Albin Michel, coll. Bibliothèque de l'Évolution de l'Humanité, 2002.

—, *Qu'est-ce que la philosophie antique ?*, Gallimard, coll. Folio essais, 1995.

—, *La Citadelle intérieure*, Introduction aux *Pensées* de Marc Aurèle, Fayard, 1992.

—, *Manuel d'Épictète*, Introduction, traduction et notes, Le Livre de Poche, 2000.

A. A. LONG et D. N. SEDLEY, *Les Philosophies hellénistiques*, tome II, GF Flammarion, 2001.

Geneviève RODIS-LEWIS, *La Morale stoïcienne*, PUF, 1970.

André-Jean VOELKE, *L'Idée de volonté dans le stoïcisme*, PUF, 1973.

• **Études sur Sénèque et les *Lettres à Lucilius***

Jean-Marie ANDRÉ, *Otium, retraite et conversion à la sagesse chez Sénèque*, in *Recherches sur l'otium romain*, Les Belles Lettres, 1962, p. 27 sq.

Mireille ARMISEN-MARCHETTI, *Sapientiae facies, étude sur les images de Sénèque*, Les Belles Lettres, 1989.

Pierre AUBENQUE & Jean-Marie ANDRÉ, *Sénèque*, Seghers, 1964.

J. BLANSDORF, *L'Interprétation psychologique de l'autarkeia stoïcienne chez Sénèque*, in *Présence de Sénèque*, Actes du colloque de l'Université de Tours (1990), Touzot, 1991.

Louis DELATTE, dir., *Sénèque, Lettres à Lucilius, index uerborum, relevés statistiques*, 2 vol., Université de Liège, La Haye, Mouton, 1975.

Pierre GRIMAL, *Sénèque ou la conscience de l'empire*, Fayard, 1991.

Paul VEYNE, Avant-propos (pp. III à CLXXVII), in Sénèque, *Entretiens, Lettres à Lucilius*, op. cit.

—, *La Médication interminable*, in Sénèque, *De la tranquillité de l'âme*, Petite Bibliothèque Rivages, 1988.

TABLE

Ce volume,
le quatre-vingt-unième
de la collection « Classiques en poche »,
publié aux Éditions Les Belles Lettres,
a été achevé d'imprimer
en octobre 2013
sur les presses
de la Nouvelle Imprimerie Laballery,
58500 Clamecy, France

Dépôt légal : octobre 2013
N° d'édition : 7694 - N° d'impression : 310063

Imprimé en France